CHINESE MYTHICAL STORIES

Retold by

Richard F. Chang

中國神話二則

張一峯撰述

TABLE OF CONTENTS

PREFACE

This book is designed for students who have had three terms of Chinese and want to read something to reinforce their vocabulary, while at the same time enjoying a modern style novel.

It is presumed that the students who read this book have finished Read Chinese I & II, and are currently reading Read Chinese III. Therefore in the first story, none of the words introduced in the first two books of Read Chinese has been annotated, and in the second story, none introduced in all three books has been annotated.

Each new word is defined three times, with the exception of those occurring more than once on the same page. After its third occurrence, the word is dropped. If the student still has not learned it, he may look it up in the table at the end of the book. To facilitate smoother reading, the number of new words on each page is limited to around 15.

The mythical story of Hou-yi and his wife Ch'ang-e is scattered in various parts of many ancient books, such as: Shan-hai-ching (山海經), a very old Chinese geography book (its author and date unknown), Ch'u-tz'u (楚辭), a poetry book written around 300 B.C., and Huai-nan-tzu (淮南子), a Taoist book prepared in the early Han Dynasty (206 B.C. – 9 A.D.). As in other Chinese mythical stories, Hou-yi and Ch'ang-e were half god and half human. They came down from heaven as gods to perform a mission in this human world, but were not allowed to return after accomplishing their mission. The story tells of the love affair between Hou-yi and the Goddess of the River Lo, and about Hou-yi's unfaithful wife, Ch'ang-e, who stole her husband's pill of immortality and escaped to the moon.

The story of the White Snake was written at a much later date. It first appeared as a drama called Lei-feng-t'a (雷峯塔) in the early part of the Ch'ing Dynasty (1644 – 1911 A.D.). It was improved upon and rewritten by many later scholars. A snake spirit transformed into a human being, married a man, gave birth to a son, and living a very happy life was finally caught and put away by the abbot of Chin-shan Monastery. Some people interpret the story as a struggle between Buddhism and Taoism in China, others interpret it as a revolution against the traditional and established doctrine.

Students should read this book at a comparatively rapid pace, and enjoy the stories as much as possible rather than spending too much time memorizing the new words.

Richard F. Chang

January 9, 1979

后羿[1]射日[2]和嫦娥[3]奔月[4]

——中國古代[5]的神話[6]——

據說：中國在堯[7]的時候，曾經[8]有過十個太陽，同時出現[9]在天上。爲甚麼天上忽然同時出現了十個太陽呢？原來[10]那十個太陽都是東方天帝[11]的兒子。他們住的地方叫湯谷[12]。

那兒的海水，像湯一樣熱，那是因爲那十個太陽每天都在那兒洗澡[13]的緣故[14]。在那兒有一個很高很大的樹，叫扶桑[15]，據說有幾萬尺高。那個大樹就是那位天帝的家。

在那個大樹的上頭站着一隻玉雞[16]。在一天快要開始[17]的時候，那隻玉雞就Wō——Wō——地叫起來。天下[18]的雞一聽見那隻玉雞叫，也都跟着叫起來。那個時候有一個太陽從扶桑樹下升[19]到樹上，天就亮了[20]。

* * * * * * * * * * * * *

1. Hòuyì: name of a legendary famous archer 2 shèr̀: to shoot down the sun 3. Cháng-é: wife of Houyi 4. bēnywè: flew to the moon 5. gǔdài: ancient time 6. shénhwà: myth 7. Yáu: (ancient ruler during the golden age of Chinese history; 2357–2255 B.C.) 8. tséngjīng: once 9. chūsyàn: to appear 10. ywánlái: as a matter of fact 11. Tyāndì: Celestial Ruler 12. Tānggǔ: Hot Water Valley (tāng: hot water) 13. syǐdzǎu: to take a bath 14. yīnwèi. . . de ywángu: because . . . 15. Fúsāng: (a mythic island, usually interpreted as Japan) 16. yùjī: a jade cock 17. kāishř: to start 18. tyānsyà: the world (anciently used to denote China) 19. shēng: to rise 20. tyān lyàngle: it becomes daybreak

太陽上來以前先在海裏洗一個澡[1]，再坐上他母親駕[2]的車出來。那輛車是用六條龍[3]拉的，走得非常快。一直走到一個地方叫悲泉[4]，母親就把車停下來，讓她兒子下車，一個人往前走。可是母親還是不放心，總要[5]坐在車上，看着她兒子走進了蒙谷[6]，才駕着空車回去，預備明天送她第二個兒子出來。

按天帝[7]的規定，那十個孩子每天輪流[8]着出去，也只能出去一個，而且得跟着母親一塊兒出去。可是那樣過了幾百萬年，幾千萬年，那十個孩子每天走一樣的路，作一樣的事情，覺得很沒意思。所以有一天他們商量好了，第二天早上那十個孩子就一塊兒都跑了出來。他們也不坐母親的車，在天上亂跑亂跳[9]。他們母親雖然很着急，大聲的叫他們回去，可是誰都不聽。

這樣一來[10]，天氣就忽然大熱起來，地上種的東西都乾死了。人沒有東西吃，沒有水喝，很多都餓死[11]，渴死[12]。他們沒法子就去找他們的領袖[13]，堯[14]。

* * * * * * * * * * * *

1. syǐ. . . dzǎu: to take a bath 2. jyà: to drive (a vehicle) 3. lúng: dragon 4. Bēichywán: Sorrow Spring 5. dzǔngyàu: must 6. Ménggǔ: Dim Valley 7. Tyāndì: Celestial Ruler 8. lwúnlyóu: to take turns 9. lwànpǎu lwàntyàu: to run and jump around everywhere 10. jèiyangyìlái: by so doing 11. èsž: famished 12. kěsž: to die of thirst 13. lǐngsyòu: leader 14. Yáu: Emperor Yao

據説堯[1]是一個很好的領袖[2]。他愛人民好像愛他自己的兒子、女兒一樣。他看見人民那麼苦，心裏很不安。可是那是神[3]作的事，他有甚麼法子呢？所以他只好天天向天帝[4]禱告[5]，希望天帝能替他解決這個問題。

天帝聽到了堯的禱告，他也覺得他的兒子們這樣作是不對的。可是他很忙，沒有時間去管那些孩子們的事，所以就把這件工作交給他的妻子[6]。他的妻子也許太愛她的兒子，覺得孩子們應當出去玩兒玩兒；也許她跟孩子們説了，可是沒説得太利害。反正孩子們沒聽她的話，每天還是一塊兒出去，亂跑亂跳[7]。

過了一些時候，天帝還聽見堯的禱告，覺得很奇怪，派人一查，發現他的兒子們還跟以前一樣在天上亂鬧[8]。

天帝聽了這個報告[9]很生氣，他立刻派了一個射箭[10]射得非常好的神，叫后羿[11]去辦這件事。當時[12]天帝跟后羿是怎麼説的，古書上[13]沒寫下來，所以我們當然沒法子知道。不過據我們推想[14]，天帝當時的意思，一定是叫后羿去管一管

* * * * * * * * * * * * *

1. Yáu: Emperor Yao 2. lǐngsyòu: leader 3. shén: god, spirit 4. Tyāndì: Celestial Ruler 5. dǎugàu: to pray 6. chīdz: wife 7. lwànpǎu lwàntyàu: to run and jump around everywhere 8. lwànnàu: to make a disturbance 9. bàugàu: report 10. shèjyàn: to shoot arrow 11. Hòuyì: (name of a legendary famous archer 12. dāngshŕ: at that time 13. gǔshū: ancient books 14. twēisyǎng: to infer

那些孩子們，並不是叫他把他們都射死[1]。

后羿[2]得了天帝的命令[3]，就帶着他美麗[4]的妻子[5]，嫦娥[6]從天上下來，去見堯。堯聽說后羿是天帝派來的，非常高興。他帶着后羿到各處去看看人民痛苦[7]的情形。后羿看見十個太陽同時的掛[8]在天上，天氣熱極了，熱極了。河裏的水都乾了；田[9]裏甚麼都沒長[10]。很多人、牛[11]、馬[12]都倒[13]在路邊；有的已經死了，有的也快死了。

后羿看了這種情形，心裏非常生氣。他對着那十個太陽，大聲的說：「你們雖然是天帝的兒子，也不應該這樣亂鬧[14]。你們沒看見嗎？這麼多人餓死[15]，渴死[16]。你們爲甚麼這樣？爲甚麼……？」那些太陽沒理他。他們的意思好像是：「我們是天帝的兒子。你是什麼東西[17]？我們的事你管的着嗎？……」

后羿氣得臉都紅了。那些孩子簡直的不講理[18]。后羿決定他應當怎麼辦。他不管天帝的意思；他甚麼都不管了。從他的箭袋[19]裏后羿拿出一枝[20]箭[21]來，放在弓[22]上，右手把弓

* * * * * * * * * * * * *

1. shèsž: to shoot and kill 2. Hòuyì 3. mìnglìng: order 4. měilì: pretty 5. chīdz: wife 6. Cháng-é (wife of Hòuyì) 7. tùngkǔ: suffering 8. gwà: to suspend 9. tyán: field 10. jǎng: to grow 11. nyóu: ox, cow 12. mǎ: horse 13. dǎu: to fall over 14. lwànnàu: to make a disturbance 15. èsž: famished 16. kěsž: died of thirst 17. Nǐ shr̀ shenme dūngsyi: What are you anyway? 18. bùjyǎnglǐ: unreasonable 19. jyàndài: a quiver 20. jr̄: (a measure) 21. jyàn: arrow 22. gūng: bow

拉的滿滿的[1]。他把箭[2]對準[3]了一個太陽，右手一放，一枝[4]箭很快的飛了出去，射中[5]了一個太陽。一個大火球從天上落下來，金顏色的羽毛[6]在天上散開[7]。人們跑過去一看，看見地上有一隻[8]非常大，金黃顏色的鳥，一共有三隻脚[9]。這大概是太陽變[10]的。

后羿射下了一個太陽，可是他並不滿足[11]，又從箭袋[12]裏拿出一枝箭來。天帝的孩子們沒想到后羿的箭那麼利害。他們向各處逃[13]，可是已經太晚了，后羿的第二枝箭已經飛了上來，又射中了一個太陽。

后羿的箭一枝一枝的射上去，太陽一個一個的落下來。后羿的箭袋裏一共帶了十枝箭，他要把十個太陽都射下來。那個時候堯站在后羿的後頭，他覺得太陽對人很有用。要是天上沒有太陽，這個世界上又黑又冷，人怎麼能生活呢？他要請后羿別把太陽都射下來，可是后羿那個時候非常生氣，誰的話他都不聽。堯沒法子，只好偷偷的從后羿的箭袋裏拿走一枝箭。所以后羿只射下來九個太陽，他箭袋裏的箭就用完了。

* * * * * * * * * * * * *

1. lāde mǎnmānde: to draw to the full 2. jyàn: arrow 3. dwèijwǔn: to aim accurately 4. jr̄: (a measure) 5. shèjùng: to hit (the target) 6. yǔmáu: feather of a bird 7. sànkāi: to scatter 8. jr̄: (a measure) 9. jyǎu: leg, foot 10. byàn: transform, change 11. mǎndzú: satisfy 12. jyàndài: a quiver 13. táu: to escape

天上就留下一個太陽，天氣忽然的涼快了，天上出現[1]了黑雲[2]。后羿的箭雖然已經用完，可是那個太陽不知道，他很怕的逃到[3]黑雲裏去，不敢再出來。黑雲越來越大[4]，最後下起雨來了。

人們看見天下雨都高興極了。有的叫，有的笑，有的唱歌兒，也有的要到田[5]裏去工作。雖然雨下的很大，可是他們不管。他們已經很久沒工作了，他們不願意再等。

「后羿萬歲[6]！后羿萬歲！」到處都可以聽到人們的喊聲[7]。后羿是他們的英雄[8]。

十個太陽的問題雖然解決了，可是當時[9]的老百姓[10]還是不能平安的生活。地面上[11]到處都是毒蛇猛獸[12]；天上飛着很多吃人的大鳥。所以堯請后羿到各地方去除[13]那些鳥獸。

據古書[14]上說：后羿一共殺死[15]了七種利害的鳥獸。那些鳥獸都長[16]的非常奇怪，都是後來的人沒有見過的。有一種野獸[17]叫猰貐（ jáyǔ ），樣子像一隻大牛[18]，紅顏色的身

* * * * * * * * * * * * *

1. chūsyàn: to appear 2. hēiyún: dark cloud 3. táudàu: to escape to 4. ywè lái ywè dà: to become larger and larger 5. tyán: field 6. wànswèi: long live. . . 7. hǎnshēng: yell, cry 8. yīngsyung: hero 9. dāngshŕ: at that time 10. lǎubǎisyìng: common people 11. dìmyànshang: on the ground 12. dúshé měngshòu: poison snakes and fierce animals 13. chú: to get rid of 14. gǔshū: ancient books 15. shāsž: to kill 16. jǎng: to grow 17. yěshòu: wild beast 18. nyóu: ox

體，人的臉，馬[1]的脚[2]，叫的聲音像小孩子哭；它[3]喜歡吃人。另外，在中國的南方有一種利害的野獸叫鑿齒（ jwóchř ）。它的身體像人，可是有一個野獸的頭。Jwóchř 的牙[4]特別長，據説有五六尺長，利害極了；它也喜歡吃人。那些野獸雖然利害，可是還不是后羿的對手[5]。所以后羿很容易的把他們除掉[6]了。

在中國的東部有一種鳥叫大風。「風」這個字在古時候[7]就是鳥的意思，所以大風就是大鳥。后羿恐怕這種鳥太大，用箭不一定射的死它，所以在箭後頭放上一條用青絲[8]作的繩子[9]。等大風飛下來的時候，一箭把它射中。大風帶着箭想要飛走。后羿拉住繩子，把鳥拉下來，用劍[10]把它殺[11]了。

后羿一共殺死了七種利害的鳥獸。他在人間[12]的工作已經完了。他應當跟他妻子[13]一起回到天上去，過天神[14]的生活。后羿想：他在人間作了這麼許多好事情，天帝一定會對他很高興。雖然他把天帝的九個兒子給射死了，可是這不是他的錯，這是那些孩子們的錯。公正[15]的天帝，他一定會了

* * * * * * * * * * * * *

1. mǎ: horse 2. jyǎu: leg, foot 3. tā: it 4. yá: tooth 5. dwèishou: opponent in contest (búshr. . . de dwèishǒu: not . . .'s match) 6. chúdyàu: to get rid of 7. gǔshŕhou: ancient time 8. chīngsz̄: black silk 9. shéndz: rope 10. jyàn: sword 11. shā: to kill 12. rénjyān: this human world 13. chīdz: wife 14. tyānshén: Celestial Spirit 15. gūngjèng: fair and just

解[1]的……

可是事實[2]並不像后羿想的那麼好。天帝對他很不滿意[3]。他命令[4]后羿跟他的妻子永遠[5]留在人間[6]，不讓他們再回到天上去。

「不公平[7]啊[8]！」后羿大聲的叫，「我們沒有錯，爲甚麼不讓我們回去？」

他聽見他妻子在屋子裏哭。

他心裏痛苦[9]極了。

「可憐的嫦娥[10]！我害了她[11]！」他低聲的對自己說。

后羿、嫦娥，他們由[12]天神[13]變成[14]了人。

* * * * * * * * * * *

1. lyǎujyě: to understand 2. shr̀shŕ: fact 3. bùmǎnyì: to be dissatisfied 4. mìngling: to order 5. yǔngywǎn: forever 6. rénjyān: this human world 7. gūngpíng: to be fair 8. ā: (a particle of exclamation) 9. tùngkǔ: suffering 10. Cháng-É: (wife of Hòuyì) 11. Wǒ hàile tā: I've caused her infinite harm, I ruined her 12. yóu: from 13. tyānshén: celestial spirit 14. byànchéng: to transform into

二　遇見[1]了洛水[2]的女神[3]

后羿的妻子，嫦娥[4]是一個任性[5]的女人。她想作甚麼事情就一定得作，不管別人喜歡不喜歡。她長的非常美麗[6]，后羿很愛她。他們在天上的時候生活是很快樂[7]的。自從來到人間[8]以後[9]，后羿的工作很忙，沒有時間常跟他妻子在一塊兒，嫦娥覺得很寂寞[10]。

「人間的生活實在沒有天上有意思，」她常跟她丈夫[11]說。

「別着急，嫦娥，等我在人間的工作完了，我們就可以回到天上去，」她丈夫總是[12]這樣的回答她。

日子[13]一天一天的過去，后羿的工作好像永遠[14]沒有完。每次作完一件事，就有一件新的工作等着他。后羿並不在乎[15]那些工作。每次聽到人們叫「后羿萬歲[16]」的時候，他心裏非常痛快。這種感覺[17]在天上是得不到的。

「你怎麼又有新工作了？我們到底[18]甚麼時候回去？」嫦娥差不多每天都要問她丈夫一次。

* * * * * * * * * * * *

1. yùjyan: to meet　2. Lwòshwěi: River Lo　3. nyǔshén: a goddess　4. Cháng-É (wife of Hòuyì)　5. rènsyìng: to be self-willed, inconsiderate　6. měilì: beautiful　7. kwàile: happy　8. rénjyān: this human world　9. dżtsúng... yǐhòu: ever since...　10. jímwò: lonely　11. jàngfu: husband　12. dzǔngshr: always　13. ṙdz: a day　14. yǔngywǎn: forever　15. búdzàihu: do not mind　16. wànswèi: long live ...　17. gǎnjywé: feeling　18. dàudǐ: after all

「快完了，別着急。你看，人間的老百姓[1]這麼苦，我們怎麼能現在就離開他們呢？」

后羿的工作最後作完了。人間的一切都恢復[2]了正常[3]。后羿對他自己的工作很滿意[4]。嫦娥也因爲立刻可以回到天上去，所以很高興。可是不幸[5]，他們接到了天帝的命令[6]，要他們永遠[7]留在人間。

開始的時候[8]，后羿跟嫦娥都覺得很痛苦[9]。后羿覺得天帝的命令是不公平[10]的。可是過了一段時間以後[11]，他覺得留在人間也不錯。在人間他是一個大英雄[12]。

「天上既然也有不公平的事，就留在人間吧，」他常常這樣對自己說。

可是嫦娥對這件事的看法[13]却[14]跟她丈夫[15]不同。她不能同情她的丈夫。她覺得這完全是他的錯；他不應該射死天帝的兒子。

「我不懂你爲甚麼要射死天帝的兒子？」嫦娥常常這樣責問[16]她的丈夫。

* * * * * * * * * * * * *

1. lǎubǎisyìng: common people 2. hwēifù: to restore 3. jèngcháng: normal 4. mǎnyì: be satisfied 5. búsyìng: unfortunately 6. mìnglìng: order 7. yǔngywǎn: forever 8. kāishrde shŕhou: at beginning 9. tùngkǔ: suffering 10. gūngpíng: be fair 11. gwòle yídwàn shŕjyān yǐhòu: after a period of time 12. yīngsyung: hero 13. kànfǎ: viewpoint 14. chywè: however 15. jàngfu: husband 16. dzéwèn: to question reproachfully

「這不是我的錯！是他們在天上亂鬧[1]。」

「可是他們是天帝的兒子！」

「天帝的兒子也不能這樣。你沒看見當時[2]的老百姓[3]多麼痛苦？」

「老百姓，老百姓，老百姓能使[4]你回到天上去嗎？」嫦娥生氣了。

「回不去又怎麼樣[5]？天上也不一定比人間好。」

「……」

「……」

他們越說越[6]生氣。最後后羿駕着車[7]出去了。

嫦娥每天在家裏不是哭就是鬧，這兩件事后羿都受不了[8]。他們兩個人的感情[9]越來越壞。后羿每天早上一起來就駕着車出去；有的時候連他自己都不知道應當到哪兒去。他就想離開那個家。有的時候他出去了好幾天才回家。

在一個偶然[10]的機會中他遇見[11]了美麗[12]的洛水[13]女神[14]，宓妃[15]。

那是一個秋天的早上，天氣非常好，后羿駕着車出去。

* * * * * * * * * * * *

1. lwànnàu: to make a disturbance 2. dāngshŕ: at that time 3. lǎubǎisyìng: common people 4. shř: to enable 5. . . . yòu dzěnme yàng: . . . so what 6. ywè. . .ywè. . .: the more. . ., the more. . . 7. jyàje chē: driving his chariot 8. shòubulyǎu: cannot stand 9. gǎnchíng: feeling, affection 10. ǒurán: accidental 11. yùjyan: to meet 12. měilì: beautiful 13. Lwòshwěi: River Lo 14. nyǔshén: goddess 15. Fúfēi: (the goddess of River Lo)

他沒有一定的目的，就從一個地方到另外一個地方，一直[1]走到洛水[2]的邊兒上才想起來他離家已經很遠了。

「今天大概回不去家了……。回不去又怎麼樣[3]？」后羿一想起家就生氣。

「再往前走吧……可是到哪兒去呢？……」

他正在想。忽然，聽見有人玩兒水的聲音。他輕輕的走過去，一看。哦[4]，是一羣[5]美麗的仙女[6]在那兒玩兒。有的在草地上跑，有的在跟鳥兒說話，也有的在水裏跟魚在一起玩兒。她們唱着笑着，都非常快樂[7]。

可是——可是有一位，穿着白的衣服[8]，又黑又長的頭髮[9]在微風[10]裏飄[11]，她沒跟大家[12]在一起，一個人遠遠地坐在一塊石頭上，不說話，也不笑；她好像非常寂寞[13]。

后羿不知道爲甚麼，對她那麼同情。他慢慢地走過去。越來越[14]近了，也看的越來越清楚。

「哦！她多麼美麗！

* * * * * * * * * * * * *

1. Yìjŕ: all the way 2. Lwòshwěi: River Lo 3. . . .yòu dzěnme yàng: . . .so what 4. òu: oh 5. yìchyún: a group of 6. syānnyǔ: a fairy 7. kwàile: happy 8. yīfu: clothe 9. tóufe: hair (on the head) 10. wēifēng: breeze 11. pyāu: to be blowing (in the wind) 12. dàjyā: all people 13. jímwò: lonely 14. ywèlái ywè: to become more and more. . .

美麗的像天上的雲[1]！

像水上的白蓮[2]！

她比別的仙女[3]都美——一種成熟[4]的美。」

她是洛水的女神[5]——宓妃[6]。

仙女們看見忽然來了一個不認識的人都驚叫[7]起來。

宓妃慢慢地抬起頭來[8]看着后羿。她一點兒也不吃驚[9]，好像看見一位老朋友似的[10]，對他輕輕地一笑，雖然她從來沒有見過他。

仙女們忽然安靜了，安靜得一點聲音也沒有。宇宙[11]間[12]一切都停止了，就有后羿跟宓妃。愛在他們之間交流[13]。

*　*　*　*　*

宓妃是水神河伯[14]的妻子。水神是管理[15]人間所有的河、湖跟海。他是水裏一切生物[16]的王。河伯有這樣一位美麗的妻子應當滿足[17]了吧。可是不，他還常常到各處去找別的女人。

中國的北方古時候有一種風俗叫「河伯娶妻[18]」。據說

* * * * * * * * * * * * * *

1. yún: cloud 2. báilyán: white lotus 3. syānnyǔ: a fairy 4. chéngshú: mature 5. nyǔshén: goddess 6. Fúfēi (Goddess of River Lo) 7. Jīngjyàu: to yell in surprise 8. táichitóulai: to lift one's head 9. chřjìng: startled 10. hǎusyàng. . .shřde: as if . . . 11. yǔjòu: universe 12. jyān (or jījyān 之間): in, between, among 13. jyāulyóu: interflow 14. Hébwó: (Spirit of Water) 15. gwǎnlǐ: to control 16. shēngwù: living creatures 17. mǎndzú: to satisfy 18. chyǔchī: to take a wife

河伯[1]需要女人的時候就從水裏到陸地[2]上來。他來的時候也帶來了大水[3]。在北方，特別是黃河一帶[4]，差不多年年都有水災[5]人們爲了要避免[6]水災，所以每年選[7]一個年輕的女孩子，扔[8]到河裏去作河伯的妻子。一直到[9]戰國[10]的時候，來了一個人叫西門豹（Syīmán Bàu），才把這個風俗改[11]了。可見[12]河伯不是一個好丈夫[13]。

河伯雖然喜歡玩兒別的女人，可是他不能讓他妻子有別的男人。他聽見宓妃[14]跟后羿在一起的時候，他氣極了。他帶着他的軍隊[15]，自己變成[16]一條白龍[17]從水裏出來，去找后羿。

天上下着大雨，打着大雷[18]，河伯帶着軍隊來了。遠遠地他看見后羿，像一座[19]山似的[20]站在那兒，動也不動[21]，他左手拿着弓[22]，弓上有箭，右手把弓拉得滿滿的[23]。在他的後頭站着美麗的宓妃。

這就是射日的后羿，天上的神，人間的英雄[24]。河伯站住了，他有一點兒怕。可是在他妻子的前頭他不能讓她知道

* * * * * * * * * * * * * *

1. Hébwó: (Spirit of water) 2. lùdì: land 3. dàshwěi: flood 4. Hwánghé yídài: Yellow River area 5. shwěidzāi: a flood disaster 6. bìmyǎn: to avoid 7. sywǎn: to choose 8. rēng: to throw 9. yìjŕdàu: until 10. Jàn'gwó: Warring States (B.C. 403–221) 11. gǎi: to change 12. kějyàn: it's obvious that 13. jàngfu: husband 14. Fúfēi: (Goddess of River Lo) 15. jyūndwèi: troop 16. byànchéng: to transform into 17. lúng: dragon 18. dǎ. . . léi: to thunder 19. dzwò: (a measure for mountain) 20. syàng. . . shr̀de: look like. . . 21. dùng ye búdùng: do not even move 22. gūng: bow 23. lāde mǎnmānde: to draw to the full 24. yīngsyung: hero

他是一個沒用的神。他停了一停又往前進[1]。

后羿的箭射出去了，那麼快，那麼有力[2]。河伯[3]想要躲[4]，可是太晚了。后羿的箭射中[5]了河伯的左眼。他倒[6]在地上，受了傷[7]。后羿的第二枝[8]箭剛要射出去，忽然在他的後頭聽到一個女人的叫聲。

「不要射死我的丈夫！」

宓妃很快地從後頭跑出來，奔向[9]河伯。一切發生[10]的那麼快，那麼突然[11]，后羿呆住了[12]。他拿着弓箭的兩隻[13]手慢慢地放下來。他轉過身去[14]，往後走；他越走越快。

他愛的那個人愛的不是他[15]！

* * * * *

當一個人在非常失望[16]的時候[17]就會想到自己的家。后羿想起了他美麗的妻子嫦娥。

「她雖然有些任性[18]，可是她到底[19]是我的妻子！過去[20]我們有過很快樂[21]的日子[22]……」

后羿又回到嫦娥的身邊[23]。時間可以改變[24]很多事情；他們兩個人的感情[25]又好起來了。

* * * * * * * * * * * * * *

1. wàng chyán jìn: to go forward 2. yǒulì: powerful 3. Hébwó 4. dwǒ : to hide 5. shèjùng: to hit (a target) 6. dǎu: to fall over 7. shòushāng: to be wounded. 8. jr̄: (a measure) 9. bēnsyàng: to run toward 10. fāshēng: to happen 11. tūrán: sudden 12. dāijule: to be stunned 13. jr̄: (a measure) 14. jwǎn'gwòshēnchyu: to turn the body 15. Tā àide nèige rén àide búshr tā: The person he loves does not love him 16. shr̄wàng: disappointed 17. dāng. . .de shŕhou: when. . . 18. rènsyìng: self-willed 19. dàudǐ: after all 20. gwòchyu: in the past 21. kwàile: happy 22. r̀dz: days 23. shēnbyān: place, nearby 24. gǎibyàn: to change 25. gǎnchíng: feeling, affection

三　她偷吃了她丈夫的不死藥[1]

在西方，很遠很遠的地方，有一座[2]大山叫崑崙山[3]。山上住着一位神，叫西王母[4]。據後來的人推想[5]，西王母一定是一位很和氣[6]的老太太，他們完全弄錯了[7]。根據古書上說：西王母的頭髮[8]又長又亂[9]，他的牙[10]像老虎[11]，他還有一條尾巴[12]。他是管理[13]各種惡神[14]的天神。他是男是女，也沒人知道。跟他在一起的有三隻[15]「青鳥」，每天出去給他找吃的。這三隻「青鳥」也不是我們常看見的那種美麗小鳥。那是三隻紅頭黑毛的大鳥，一飛就是幾千里。它們[16]看見地上的野獸[17]，不管多麼大，都可以立刻把它殺死[18]，帶回去給西王母吃。有的時候西王母高興了，就從山洞裏出來，站在山上大叫幾聲。那時，山上的野獸都怕的往各處跑，眞是可怕極了。可是有很多人想到崑崙山去找西王母，因爲在他那兒有一種藥[19]，人吃了可以長生不老[20]。

據說在崑崙山上，有一棵[21]樹，樹上結一種果子[22]，人吃了可以長生不老。西王母的不死藥[23]，就是用這種果子作

* * * * * * * * * * * * * *

1. bùszỳàu: elixir of life, pill of immortality 2. dzwò: (a measure for mountain) 3. Kwūnlwúnshān: Kunlun Mountain 4. Syīwángmǔ: (a fairy prince or princess) 5. twēisyǎng: inference 6. héchi: friendly 7. nùngtswòle: made a mistake 8. tóufa: hair (on human head) 9. lwàn: disorderly 10. yá: tooth 11. lǎufǔ: tiger 12. wěiba: tail 13. gwǎnlǐ: to control 14. èshén: evil spirit 15. jr̄: (a measure for animal, bird etc.) 16. tāmen: they 17. yěshòu: wild beasts 18. shāsž: to kill 19. yàu: medicines, drugs 20. cháng-shēng-bùlǎu: perpetual rejuvenation 21. kē: (a measure for trees) 22. jyé. . .gwǒdz: to bear fruits 23. bùszỳàu: elixir of life

的。可是那棵[1]樹很不容易結果子[2]；每幾千年才開一次花，再過幾千年才結一次果子，而且結的不多。所以這種不死藥[3]非常珍貴[4]，用完了以後得再過一個很長的時期才能有。

世界上的人誰不希望長生不老啊[5]?所以到崑崙山[6]去找西王母[7]的人多的不得了[8]，可是能見着他的人却[9]是非常少。第一，崑崙山太高，平常人上不去。山下頭還有一條很大很深的河，叫弱水[10]。據説連一根[11]鳥兒的毛，掉[12]在水上都會沉下去[13]，不用説[14]船了。沒有船人怎麼能過去呢？山的四邊兒還燒着大火，不論白天夜裏都不停地燒着。就是有人能渡過[15]弱水，通過[16]大火，崑崙山那麼大，西王母住的地方又沒一定，到哪兒去找啊？平常人想找到他簡直的不可能。

*　　*　　*　　*　　*

后羿跟嫦娥的感情[17]雖然又好了起來，可是他們的問題還沒有解決。從前他們是神，現在他們是人了；人是要死的。據説人死了以後就變成[18]了鬼[19]，跟别的鬼在一起。神怎麼能跟别的鬼在一起呢？這簡直是太可怕了。

* * * * * * * * * * * * *

1. Kē: (a measure for trees) 2. jyē gwǒdz: to bear fruits 3. bùszyàu: elixir of life 4. jēn'gwèi: precious 5. a: (an interrogative particle) 6. Kwūnlwún shān: Kunlun Mountain 7. Syīwángmǔ: (a fairy prince or princess) 8. dwōde bùdélyǎu: very many, extremely numerous 9. chywè: on the contrary 10. Rwòshwěi: (a river found in fairy land) 11. gēn: (a measure for feather) 12. dyàu: to drop 13. chénsyachyu: to sink 14. búyùngshwō: not to mention. . . 15. dùgwo: to cross (a river) 16. tūnggwo: to pass through 17. gǎnchíng: feeling, affection 18. byànchéng: to change into 19. gwěi: ghost

他們在天上的時候就聽說過西王母。那個時候他們不需要什麼不死藥[1]，所以沒太注意，現在想起來了。

「可是你現在不是神了，你還上得了昆侖山[2]嗎？」嫦娥這樣問。

「試試吧，這是我們唯一[3]的機會了，」后羿也沒有太大的信心[4]。

上昆侖山不是一件簡單的事情。去的人需要有鐵的意志[5]，無比[6]的力量[7]，還得有非常好的運氣[8]。

后羿出發[9]了，帶着他妻子給他預備的東西，跟他們兩個人的希望。他一直的往西走，經過了很多的困難[10]，他居然[11]上了昆侖山，找到了西王母。

西王母聽了后羿的話，對他們夫妻[12]非常同情。他拿出一包藥[13]來，對后羿說：

「這包藥要是一個人吃了，可以上天成神；要是兩個人分着[14]吃，也可以長生不老[15]。可是，這是最後的一包了，你好好兒的帶回去吧。

* * * * * * * * * * * * *

1. bùszǐyàu: elixir of life 2. Kwūnlwúnshān 3. wéiyī: one and only 4. syìnsyīn: confidence 5. yìjr: will power 6. wúbǐ: matchless 7. lìlyang: strength 8. yùnchi: luck 9. chūfā: to start out (for a trip) 10. kwùnnan: difficulty 11. jyūrán: actually, contrary to expectation 12. fūchī: husband and wife 13. yàu: medicine 14. fēnje: to divide up 15. chángshēngbùlǎu: perpatual rejuvination

后羿得了西王母的藥，心裏非常高興，立刻就回家。他把路上經過的困難[1]跟見着西王母以後的情形對嫦娥說了。

「我們的運氣[2]不錯。這是西王母最後的一包藥了，你好好兒的收着[3]，過兩天我們定一個好日子[4]，兩個人分着[5]吃。」后羿說完話把藥交給嫦娥就走了。他作完了這樣一件困難的工作，他需要休息——他的身體，精神都需要休息。

后羿並不想再回到天上去。天上的情形也不一定比人間好。只要他能跟嫦娥永遠在一起也就滿足[6]了。可是嫦娥的想法跟他不一樣。她本來[7]是女神，她也沒作錯事情，爲甚麼要永遠留在人間？而且她也並不喜歡人間。

「把這包藥吃了吧。」嫦娥自己想。

「不能，這是他經過很多困難才得到的，我是不能這樣自私[8]……」

「可是……，可是我要上天。我沒有錯，我爲甚麼要留在人間？……」嫦娥慢慢地把藥包[9]打開。

「對不起，后羿，請原諒[10]我……」她把藥放在嘴[11]裏——吃了。

* * * * * * * * * * * * * *

1. kwùnnan: difficult 2. yùnchi: luck 3. shōuje: to put away 4. r̀dz: day 5. fēnje: to divide up 6. mǎndzú: to be satisfied 7. běnlái: originally 8. dżsž: selfish 9. yàubāu: medicinal package 10. ywánlyàng: to forgive 11. dzwěi: mouth

奇怪的事情發生[1]了；嫦娥覺得她的身體慢慢地輕了，輕的像一根[2]羽毛[3]一樣。她的脚[4]離開了地，慢慢地往上飛——；越飛越高，也越飛越快——。

不知過了多少時候，她來到一個地方，很亮[5]很乾淨。銀色的山，銀色的樹，一切都是銀色的；她已經來到了月亮[6]上。

「多麼美啊[7]！又這麼安靜，太好了！」嫦娥坐下來休息。

「可是，别的神呢？……沒有神也應該有人吧？」嫦娥覺得太安靜了，安靜的有點兒可怕。她各處找，可是那兒沒有人，更沒有神，祇有銀色的山，銀色的樹，好像都在笑她——笑她自私[8]，笑她愚笨[9]。

她後悔[10]，她後悔偷吃了那包藥，她想起了家的快樂，丈夫對她的好處。她想回家，可是她不能；她再也下不去[11]了。每天夜裏她往人間看，希望能看到自己的家，自己的丈夫。可是月亮離人間太遠了，她能看到的只是黑色的天空[12]跟藍[13]色的海。

那天晚上后羿發現他妻子不見了，藥也找不到了。他立刻想到發生[14]了甚麼事情。他發怒[15]；他恨[16]天上，也恨人間。他恨宇宙間[17]的一切，連他自己的妻子都欺騙[18]了他！

* * * * * * * * * * * * *

1. fāshēng: to happen 2. gēn: (measure for feather) 3. yǔmáu: feather 4. jyǎu: feet 5. lyàng: bright 6. ywèlyang: moon 7. à: (a particle of exclamation) 8. dżsž: selfish 9. yúbèn: stupid 10. hòuhwěi: to regret 11. dzài yě syàbuchyù: can never go down again 12. tyānkūng: sky 13. lán: blue 14. fāshēng: to happen 15. fānù: to become angry 16. hèn: to hate 17. yǔjòujyān: in universe 18. chīpyàn: to cheat, deceive

四　后羿的學生逢蒙[1]

這樣的事情發生[2]以後，后羿的性情[3]大變[4]了。他對一切都很失望[5]，他也不想長生不老了。

「天上有不公平[6]的事情，人間也有欺騙[7]，地獄[8]裏還能有更壞的東西嗎？死又有甚麼可怕呢？」他想。他每天不是喝酒就是出去玩兒。生命[9]，對他來說[10]，是再也沒[11]有甚麼意義[12]了。

他的性情越來越壞，在家裏常常打人。他的家丁[13]們都怕看見他。有一個家丁，叫逢蒙是一個很有本事很利害的青年，后羿一直都很喜歡他，覺得他很不錯。

「你應當學射箭，」后羿對他說。

「請主人[14]教我，」逢蒙很恭敬地[15]回答。

「學射箭不是一件容易的事情。第一，你得練習你的眼睛[16]；射箭的時候是不能霎眼[17]的……」

逢蒙回家以後就天天練習。他躺[18]在他妻子的織布機[19]下頭。織布機來回的動，可是他的眼睛[20]不能霎。開始[21]的

* * * * * * * * * * * * *

1. Fèngméng: (a student of Hòuyì)　2. fāshēng: to happen　3. syìngching: temperament　4. dàbyànle: greatly changed　5. shrwàng: to be disappointed　6. bùgūngpíng: unfair　7. chīpyàn: deceiving　8. dìyù: hell　9. shēngmìng: life　10. dwèi tā lái shwō: to him　11. dzài yě méi: will never again　12. yìyi: significance　13. jyādīng: servant　14. jǔrén: master　15. gūngjìngde: respectfully　16. yǎnjing: eye　17. shàyan: to blink　18. tǎng: to lie down　19. jrbùji: a loom　20. yǎnjing: eye　21. kāishř de shŕhou: at the beginning

時候覺得很困難，日子久了就習慣[1]了。他去見后羿。后羿試了試他的眼睛覺得可以。

「現在你得練習你的眼力[2]，要能看得很遠，很清楚……」后羿對逄蒙[3]說。

逄蒙回去練習了很久，自己覺得成了，就去見后羿。后羿說：不行。

逄蒙又回去練習，他覺得他的眼睛已經比別人都好，可是后羿還是說不行。

逄蒙回去把一個小極了的蟲子[4]綁[5]在一根[6]牛毛[7]上，每天對着它[8]看。看清楚了就往後走幾步，再看。最後他可以在很遠的地方把一個小蟲子看得很清楚。

「你現在可以學射箭了，」后羿對他的學生很滿意[9]。

逄蒙眞是一個好學生，他把后羿的本事都學會了。人們都說：逄蒙的箭射的眞不錯，除了后羿以外恐怕天下沒有人比他更好了……。可是逄蒙聽了那些話，心裏很不痛快；他覺得他已經跟后羿一樣好了。

* * * * * * * * * * * * *

1. syígwàn: to get use to 2. yǎnlì: eyesight, vision 3. Fèngméng: (a student of Hòuyì) 4. chúngdz: insect 5. bǎng: to tie 6. gēn: (a measure for hair) 7. nyóumáu: ox hair 8. tā: it 9. mǎnyì: to be satisfied

有一天后羿跟逢蒙[1]一起出去。天上有很多鳥兒從北往南飛。后羿要試試他學生的技術[2]，所以叫逢蒙射三箭，看他能射下幾隻鳥兒來。逢蒙舉起弓來，很快的射了三箭，射下來三隻鳥。

「眞不錯！」后羿很高興地說。

那時天上的鳥已經亂[3]了；有的往東飛，有的往西飛。后羿舉起自己的弓，射了三箭，也射下來三隻鳥。可是后羿的箭射的比他學生更快。

「我還沒有主人[4]那麼好，」逢蒙很恭敬[5]地說，心裏很不痛快。

「我怎麼樣才能比他好呢？」逢蒙心裏想，「除非[6]他死了……」

從那天起，逢蒙就希望后羿早些死，可是后羿的身體很好，看起來[7]好像可以活很久。

「把他殺[8]了！」逢蒙想，「可是，他是我的主人啊[9]！我怎麼可以殺主人？……，不殺他你就不能「天下第一」。

* * * * * * * * * * * * * *

1. Fèngméng 2. jìshu: skill 3. lwàn: to be disorderly 4. jǔrén: master 5. gūngjìng: respectful 6. chúfēi: unless 7. kànchilai: it looks. . . 8. shā: to kill 9. a: (a particle of exclamation)

可是他的箭比我射的好，我怎麼殺他呢？……等着吧，你會有機會的。」逢蒙的主意定了。

有一天后羿從別的地方回來，快到家的時候，忽然從牆後頭出來一個人，對他射了一箭；那個人就是逢蒙。后羿很快地也射出一箭去；兩枝箭在空中[1]碰上[2]了，一起落在地上。逢蒙又射出一枝箭去，后羿也又射了一枝，兩枝箭又碰上了。逢蒙的箭射的非常快，一枝連一枝[3]，他一共射了九枝，還不能把后羿射死。逢蒙又射了第十枝箭，可是后羿的箭已經用完了。那枝箭對着后羿的臉飛來，射中了后羿的嘴[4]。他倒[5]在地上，好像已經死了。

逢蒙慢慢地走過來，嘴裏發着[6]冷笑[7]。當他走近的時候[8]，忽然，后羿從地上跳起來[9]，把箭從嘴裏吐出來[10]。原來[11]后羿用牙[12]把箭咬住了[13]，這是他最後的一件本事[14]沒有教給逢蒙。

逢蒙很害怕，他跪[15]在地上叫着：「請原諒[16]我，請原諒我。」

* * * * * * * * * * * * * *

1. kūngjūng: in the air 2. pèngshang: to collide 3. yìjr̄ jyán yìjr̄: one after another 4. dzwěi: mouth 5. dǎu: to fall over 6. fāje: to utter 7. lěngsyàu: sneer 8. dāng. . .de shŕhou: when . . . 9. tyàuchilai: to jump up 10. tùchulai: to spit out 11. ywánlai: it turns out that. . . 12. yá: tooth 13. yǎujùle: to hold with teeth 14. běnshr: skill (M: jyàn) 15. gwèi: to kneel. 16. ywánlyàng: to forgive

后羿很生氣，可是他並沒有殺逢蒙。他覺得像逢蒙這樣的小人[1]不值得殺。

「我錯了。我不應該教這樣的學生，我沒有眼睛[2]……。」后羿心裏非常痛苦，他不理跪[3]在地上的逢蒙，自己走開了。

后羿的性情[4]一天比一天壞。家丁[5]們很多都已經逃走[6]了。那些沒逃走的也都對這位主人[7]不滿意。

「我們不能這樣下去[8]！我們得想個法子……」各處都可以聽到這種不滿意的話。

逢蒙覺得機會來了。

「你們就這麼說有甚麼用……」逢蒙偷偷地跟家丁們說，「我們應當組織起來[9]……我們得有一個計劃……。他的箭雖然射的好，可是我們的人多，怕甚麼？……現在就有一個好機會：明天早上主人帶我們去打獵[10]……」

* * * * *

那是一個秋天的早上，天氣非常好，后羿帶着家丁們出去打獵。他們打着了很多野獸[11]。

* * * * * * * * * * * * * *

1. syǎurén: a mean person 2. yǎnjing: eye 3. gwèi: to kneel 4. syìngchíng: disposition 5. jyādīng: servant 6. táudzǒu: to escape 7. jǔrén: master 8. jèiyangsyàchyu: to live on like this 9. dzǔjrchilai: to get organized 10. dǎlyè: to hunt 11. yěshòu: wild beast

「今天的運氣[1]眞不錯，」后羿想。

那天他的心情[2]特別好，他已經很久沒那麼高興了。他覺得一切都很平靜[3]。可是在這平靜的後面却[4]燒着反抗[5]的火苗[6]，隨時都可以爆發[7]。但是后羿一點兒都不知道。

天氣忽然變了，天上出現[8]了一塊黑雲[9]，越來越大。一會兒太陽不見了，天越來越黑，遠遠地傳來[10]了雷聲[11]，快下大雨了。

「我們回去吧，」后羿對家丁們說，可是誰都沒動。

「我叫你們回去，聽見了沒有？」后羿大聲地叫。

家丁們慢慢地走近后羿。后羿發現情形不對，他舉起他的弓箭來……

「打死他！」不知道是誰，忽然的叫起來。

「打死他……」

「打死他……」家丁們都叫起來。

后羿拉着弓，可是他不知道應當先射誰。

有一個家丁，站在后羿的後頭，手裏拿着一根棍子[12]。

* * * * * * * * * * * * *

1. yùnchi: luck 2. syīnchíng: mood, feeling 3. píngjìng: peace and quiet 4. chywè: actually 5. fǎnkàng: to rebel 6. hwǒmyáu: flame 7. bàufā: to break out 8. chūsyàn: to appear 9. hēiyún: dark cloud 10. chwánlái: to send over here 11. léishēng: (sound of) thunder 12. gwùndz: club, stick

突然地[1]他舉起了棍子，對着后羿的頭，用力地打下去。后羿從馬[2]上倒下來[3]，躺[4]在地上，不動了。

天上打着閃[5]，一聲雷響[6]，大雨終於[7]下來了。在大雷雨[8]中，人們可以聽到，家丁們的歡叫[9]和[10]逢蒙的冷笑[11]……。

* * * * * * * * * * * * *

1. tūránde: suddenly 2. mǎ: horse 3. dǎusyalai: to fall down 4. tǎng: to lie down 5. dǎ. . .shǎn: lightning flashes 6. yìshéng léisyǎng: a sound of a thunder 7. jūngyú: finally 8. léiyǔ: thunderstorm 9. hwānjyàu: to shout with joy 10. hé: and 11. lěngsyàu: snear

白 蛇 傳[1]

——中國民間的故事[2]——

引 言[3]

按照中國道教[4]的說法：一個人經過長期的修鍊[5]以後，可以成爲神仙[6]。一個神仙不但可以長生不老[7]，並且還會各種法術[8]。他可以把自己變成別的東西；他可以駕着[9]天上的雲到各處去玩兒；他可以使天下雨或是出太陽；他可以……

不但人可以修鍊成神仙，別的動物也可以。可是它們需要的時間比人更長，也比人更困難。當然修鍊不是一件容易的事。不管是人或是別的動物，他們一定得離開人間[10]，到一個很遠的地方去，一個沒有人的地方，過很簡單的生活，靜心苦修[11]。經過一個很長很長的時期，可能幾百年，也許幾千年，他的道行[12]越來越高，最後才能得道成仙[13]。要是不幸在修鍊的時候受到了打擾[14]或是引誘[15]，不能繼續苦修，那就永遠不能得道成仙了。

* * * * * * * * * * * *

1. Báishéjwàn: The Story of a White Snake 2. mínjyān gùshr: a folk tale 3. yǐn'yán: a brief forward 4. dàujyàu: Taoist religion 5. syōulyàn: to train by self-discipline to become an immortal 6. shénsyān: an immortal 7. chángshēngbùlǎu: perpetual rejuvenation 8. fǎshù: fairy magic 9. jyàje: to ride, drive 10. rénjyān: this human world 11. jìngsyīnkǔsyōu: to have a quiet mind and train energetically 12. dàusying: strength of religious training 13. dédàuchéngsyān: to achieve wisdom and become immortal 14. dǎjyǎu: disturbance 15. yínyòu: seduction

所以修鍊的地方最好是山上。平常的山還不行，一定得是很高很大的深山，沒有路可以上去，山上的氣候也冷。這樣，環境安靜，沒有人打擾[1]，才是修鍊[2]的好地方。

一　一條白蛇[3]和一條青蛇

在中國的西南部，四川省，有一座有名的高山叫峨眉山[4]。從平地到山頂[5]，據說有三千多公尺高。山路有六十里長，而且非常危險。走路上去得兩天。山上的氣候也非常冷。就是在夏天，上去的人也得穿厚衣服。一到秋天，八九月以後，就不能再上去了。山上有很多地方都是原始[6]森林[7]，沒有路可以通。除了幾個修道[8]的人以外，只有飛鳥和野獸。

在深山裏有一個山洞，洞裏住着兩條蛇：一條是大白蛇，一條是小青蛇。這兩條蛇和別的蛇不一樣。它們大概是得了神仙[9]的幫助、指導[10]，已經在山上修鍊很久了。那條大白蛇已經有了一千年的道行[11]。那條小青蛇修鍊的時間比較短一點兒，可是也已經修了幾百年了。它們已經都可以變成人

* * * * * * * * * * * *

1. dǎjyǎu: to disturb　2. syōulyàn: to train by self-discipline to become an immortal　3. shé: snake　4. Éméishān: (name of a mountain)　5. shāndǐng: top of a mountain　6. ywánshř: primitive　7. sēnlín: forest　8. syōudàu: (same as syōulyàn)　9. shénsyān: immortal　10. jřdǎu: guide　11. dàusyíng: strength of religious training

的形狀[1]。特別是白蛇，道行[2]非常高。它會各種法術[3]。再過一個時期就可以得道成仙[4]了。沒事的時候它們就從洞裏出來，在山上各處玩兒。

山上的生活是沒有什麼意思的。它們雖然沒到過人間[5]，可是聽說過人間的繁華[6]。人是好奇[7]的，蛇也不能例外[8]。特別是有了道行的蛇，它們已經有了人性[9]。這個深山以外的世界對它們的引誘[10]太大了。

「這山上的生活多沒意思呀！」青蛇把它心裏的不滿意說出來了。

「我們修道的[11]可不能動心[12]呀！」白蛇警告它。

「得道成仙又怎麼樣[13]，要是神仙的生活那麼沒意思。」

「你想到人間去？」白蛇有些吃驚。

「要是人間的生活是快樂的……」

「那快樂是暫時的。」

「暫時的快樂也比永遠這樣好。」

「……」白蛇對它自己的看法有些懷疑[14]。

* * * * * * * * * * * * *

1. syíngjwàng: form, shape 2. dàusyíng: strength of religious training 3. fǎshù: fairy magic 4. dédàuchéngsyān: to achieve wisdom and become immortal 5. rénjyān: this human world 6. fánhwá: flourishing & rich 7. hàuchí: curious 8. lìwài: to be an exception 9. rénsyìng: human nature 10. yǐnyòu: attraction 11. syōudàude: a Taoist monk 12. dùngsyīn: be moved, to desire human life 13. yòu dzěnmeyàng: and so what? 14. hwáiyí: be skeptical

「我們去看看就回來，不會影響我們修道[1]的，」青蛇繼續地引誘[2]。白蛇半天沒說話。

「我要變一位小姐，人間最美麗的小姐，」白蛇對自己說。

「我變成你的婢女[3]，一個美麗的婢女，」青蛇也高興了。

「我姓白，我叫素貞[4]。」一位美麗的小姐有了一個美麗的名字。

「我——我叫小青吧。」

「我們到江南[5]去。」白素貞的聲音越來越大。

「啊！江南！人間最繁華[6]的地方！」小青興奮[7]的要哭。

「對了，杭州，我們到杭州去。我們去看西湖……」

二　美麗的西湖

三月的江南正是最美的時候。天氣已經暖和了，藍色的天，白色的雲，滿地的[8]紅花綠草。特別是西湖——這美麗的西湖，水邊的垂柳[9]，堤[10]上的桃花[11]。燕子[12]剛從南方回來，

* * * * * * * * * * * * *

1. syōudàu: cultivation, training 2. yǐnyòu: to seduce 3. bǐnyǔ: a servent girl 4. Sù-jēn: (a girl's name) 5. Jyāngnán: regions south of Yangtze River (usually referring to Shanghai Nanking areas) 6. fánhwá: flourishing & rich 7. syīngfèn: to be excited 8. mǎndìde: ground covered with ... 9. chwéilyǒu: weeping willow 10. tí: embankment 11. táuhwā: peach blossom 12. yàndz: the swallow

一對一對地在柳樹[1]間飛來飛去，計劃着它們的新家。湖裏的小船上，男男女女[2]穿着華麗[3]的衣服，喝酒、唱歌。江南眞是個繁華[4]的地方。

在人羣[5]中出現了一位非常美麗的小姐，穿着白色的長衣。她的衣服那麼輕，那麼軟[6]，在風中飛動，好像她剛從天上飛下來似的。

「她長的多麼美呀！美的像個仙子[7]，」有人輕輕地那麼說。

「她一定是個仙子，平常的人哪兒能這麼美。」

「她帶着一個婢女[8]……」

「啊！連她的婢女都這麼美！」

「她是誰家的小姐？以前怎麼沒看見過？」

白素貞[9]和小青的出現使湖上的人騷動[10]了。人們都停下來看，偷偷地說話。這使白素貞的心裏產生了一種感覺[11]——一種完全滿足的感覺。她好像站在所有人們的上頭，把他們都征服[12]了。

* * * * * * * * * * * * *

1. lyǒushù: willow tree 2. nánnánnyǔnyǔ: men & women 3. hwálì: beautiful (of clothes) 4. fánhwá: flourishing & rich 5. rénchyún: a crowd 6. rwǎn: soft 7. syāndž: fairy 8. bì'nyǔ: servent girl 9. Bái Sù-jēn 10. sāudùng: to become restless 11. gǎnjywé: feeling 12. jēngfú: to conquer, subjugate

「人間太好了，山上哪兒能跟人間比呀！」白素貞輕輕地對小青說。

「我們來對了[1]，」小青回答。「要是早知道人間這麼好，我們何必非得道成仙不可呢？」

人羣[2]中有一個青年，手裏拿着一把傘，忙忙地[3]往前走。他好像沒注意四周圍[4]的事情。他對白素貞、小青連看都不看。

「那個年輕人多麼奇怪呀！」小青對白素貞說，「他好像沒看見我們。」

「喔[5]？」白素貞對那個青年看了一眼，「他一定是一位君子[6]。」

「君子？哼[7]！我不信世界上有這樣的君子，」小青不同意，「他一定是個傻子[8]。你沒看見，這麼好的天氣他帶着一把傘……」

「我們找一個機會去跟他談談。」

「機會？要是天下雨就好了[9]，」小青看着那把傘。

* * * * * * * * * * * * *

1. wǒmen lái dwèile: It's a good thing that we've come 2. rénchyún: a crowd 3. mángmángde: hurriedly 4. sżjōuwéi: around, on all four sides 5. áu: used to express doubt 6. jyūndž: gentleman 7. hèng: hm, tut! 8. shǎdz: idiot 9. yàuahr . . . jyòu hǎule: if it would only . . .

「下雨？就下雨吧[1]！」白素貞嘴[2]裏念動咒語[3]，說也奇怪[4]，天上忽然出現了黑雲，一會兒下雨了。湖邊的人都往各處跑，就是那個青年，一點兒也不着急，撐開[5]了傘，慢慢地走到湖邊去雇[6]船。

「對不起，相公[7]，」小青從後頭跑過來，「那邊兒是我們小姐，」小青指着遠處樹底下的白素貞。「我們出來的時候沒帶傘，能不能搭[8]您的船呢？」

「這——這——當——當然可以。」他好像從來沒跟女人說過話，連臉都紅了。

「這個人多傻[9]！」小青偷偷地笑。

船開了。白素貞和小青坐在艙[10]裏，那個青年却撐着傘[11]站在船頭上，不敢進來。

「相公，請進來坐吧，」小青說。

「一樣……一樣……，外頭很好。」

「船小，風大，站在外頭是很危險的，」船夫[12]也那麼說。

* * * * * * * * * * * *

1. jyòu. . .ba: let it. . . 2. dzwěi: mouth 3. nyàndùng jòuyǔ: to mumble the magic formula 4. shwō yě chígwài: it is indeed strange 5. chēngkāi: to open an umbrella 6. gù: to hire 7. syànggūng: young master (address to a young man in old days) 8. dā: to ride (as a passenger) 9. shǎ: silly 10. tsāng: cabins of a boat 11. chēngje sǎn: holding an opened umbrella 12. chwánfū: boatman

他沒有法子，進了艙[1]，坐在白素貞的對面，心裏非常緊張，眼睛看着窗外。

「相公[2]貴姓？」白素貞問。

「我貴姓，不，不，我——我姓許……我叫許仙……。」

「許相公，您府上哪兒？」

「鎮江[3]……鎮江……，我是鎮江人。」

「您府上都有誰？」

「沒有誰，我父母早就過去了，就有一位姐姐，已經結婚了。我現在就住在我姐姐家裏。」

「許相公是念書人[4]吧？」

「不是，因爲家裏窮，沒錢念書，所以在一個藥鋪[5]裏作夥計[6]。小姐，您貴姓？」許仙覺得自然些了。

「我姓白，叫素貞，是四川人。父母也都過去了，父親從前在四川作過官……」。

「……」

「……」

* * * * * * * * * * * *

1. tsāng: cabins of a boat 2. syànggūng: younger master 3. Jènjyāng: (name of a city) 4. nyànshūrén: scholar 5. yàupù: Chinese medicine store 6. hwǒji: clerk of a store

船到了，可是雨還沒停。

「啊！還下雨，我們怎麼回去呢？」小青好像很着急。

「拿我的傘去吧。」許仙很客氣。

「那怎麼行？你自己呢？」白素貞有些不好意思。

「沒關係，我家離這兒很近，一會兒就到了。」

「那眞謝謝了。我們明天把傘送到府上去吧，」白素貞說。

「不敢當，小姐府上住在哪兒？我明天去取。」

「那也好。我家離這兒也不遠，往東走，大概兩里路，有一所紅樓，就是我家。明天請過來玩。」

「一定要去拜訪[1]……」許仙很客氣說。

*　　*　　*　　*　　*

「小姐，你說的那所紅樓在哪兒呀？」小青看見許仙走了輕輕地問。

「我們到附近去找找，」白素貞很隨便地說。

在離湖不遠的地方她們找到了一個破廟[2]，破舊[3]的很利害，也沒人住。

* * * * * * * * * * * *

1. bàifǎng: to visit (a person)　2. pwòmyàu: a broken-down temple　3. pwòjyòu: broken down

「就是這兒吧[1]。」白素貞念動咒語[2]，破廟[3]立刻變成了一座漂亮的紅樓。

三　他們結婚了

對許仙來說，那是一個極興奮[4]的日子。他從來沒遇見過這樣美麗的小姐，又大方[5]，又和氣。對他這樣一個藥鋪[6]的窮夥計[7]，她一點也沒看不起的意思。並且遇見的那麼偶然[8]。

「要是沒下雨……」許仙想，「這一切都是上天[9]的安排[10]啊！……」

「這不是夢吧?」他有些懷疑[11]，「可是一切又都那麼清楚，那麼眞。」

他想到第二天的約會——到一位有錢小姐府上去的約會，他有些怕。

*　*　*　*　*

他很早就起來了；他根本一夜沒睡着覺。這一天的時間好像過的特別慢。

* * * * * * * * * * * *

1. jyòushr jeȓ ba: let it be here 2. nyàndùng jòuyǔ: to mumble the magic formula 3. pwòmyàu: a broken-down temple 4. syīngfèn: to be excited 5. dàfang: to be easy & dignified (in manner), to have poise 6. yàupù: Chinese medicine store 7. hwǒji: clerk of a store 8. ǒurán: accidental 9. shàngtyān: Supreme Ruler 10. ānpái: arrangement 11. hwáiyí: to be skeptical

「你不能去的太早呀，人家也許還沒起來呢，」他對自己說。

「下午再去吧，不能顯得[1]太着急，也得給人家一個時間準備呀！……」

好容易[2]到了下午，許仙來到了白家。遠遠地就看見了那座紅樓。好大的房子！朱紅[3]的大門，一丈來[4]高的圍牆[5]……

「別去了吧！」許仙有些怕，「他家的用人不會讓我進去的。」

但是大門忽然開了，出來的是小青。

「許相公[6]來了，怎麼不進來呀？」小青很和氣地說。

大門裏比外頭更漂亮。很大的一個院子，院子裏有很多大樹，後頭是客廳。客廳裏的家具，牆上的字畫[7]，一切都非常講究。經過了客廳又有一個院子，地方不算太大，可是佈置[8]的非常美。院子裏種着各種各樣的花兒，放着各種各樣的石頭。院子的後頭就是那座紅樓，樓上的窗户，珠簾半捲[9]。白素貞就站在簾子[10]的下頭。

* * * * * * * * * * * *

1. syǎnde: to indicate, show 2. hǎurúngyi: finally 3. jūhúng: vermilion 4. yíjàng lái: about 10 feet 5. wéichyáng: surrounding wall 6. syànggūng: young master 7. dżhwà: calligraphy & painting 8. bùjr̀: to arrange, decorate 9. jūlyàn bànjywǎn: with bead curtains half rolled 10. lyàndz: curtain

「許相公請進來吧，」白素貞笑着說，她比昨天更美了。

這座樓裏的佈置[1]比客廳更講究更藝術[2]。

「美麗的小姐，美麗的環境；這哪裏是人間，這簡直是天上。」許仙看着白素貞，半天說不出話來。

「許相公請坐。」白素貞的話打斷了許仙的思潮[3]。

「喔[4]！是……是……」

「昨天眞謝謝您。要是沒有您的傘……。相公，您眞是一位君子[5]。」

「不敢當，不敢當……」

「相公還沒吃飯吧？小青，預備酒飯。」

「不必，不必，我已經吃過飯了。」

「哦，我還沒吃呢。再陪我[6]吃點兒吧，」白素貞說。

喝了幾杯酒，許仙的話就多了。他們一邊喝酒一邊談話。酒越喝越多，話也越說越痛快。

「許相公你對將來有甚麼計劃沒有？」白素貞問。

「我希望自己能有一個藥鋪[7]，不過……」

* * * * * * * * * * * *

1. bùjř: arrangement, decoration 2. yìshu: artistic 3. sžcháu: current of thought 4. àu: Oh 5. jyūndž: gentleman 6. péi wǒ: to keep me company 7. yàupù: Chinese medicine store

「那應當沒有困難吧？」

「不過像我這樣一個窮夥計[1]，哪兒有錢……」

「錢沒有問題……」

「可是我不能……」

他們從下午開始一直喝到晚上。天快黑了，可是許仙沒說要走，白素貞也沒要他走的意思；小青有些着急。

「許相公請喝茶吧。我們小姐得到後邊去換衣服，」小青說。

「我要換衣服？」白素貞不懂。

「是，小姐，」小青看着白素貞；她懂了。

「對不起，許相公，您請隨便坐[2]，」白素貞說着就跟小青走了。

* * * * *

「時候不早了，請他回去吧，」小青說。

「回去?我們不留他在這兒住嗎？」白素貞很不在乎[3]地說。

* * * * * * * * * * * *

1. hwǒji: store clerk 2. chǐng swéibyàn dzwò: please make yourself at home
3. búdzàihu: unconcerned

「留他在這兒住？你是甚麼意思？」小青有些吃驚。

「我想跟他結婚。」

「結婚！那怎麼成？我們在這兒是暫時的。況且[1]……」

「況且甚麼？」白素貞問。

「況且，天下男人那麼多，爲甚麼要跟這樣一個窮傻子[2]結婚？」

「我喜歡他。」

「這——」小青不知道應該怎麼說，「我反對，我一百個反對。」

「別反對了，小青，這件事情還得你幫忙呢！」白素貞很和氣地說。

「我不贊成。我也不幫忙。對不起。」

「……‥‥」

「……」

白素貞終於[3]說服[4]了小青。

* * * * *

* * * * * * * * * * * * *

1. kwàngchyě: moreover 2. shǎdz: idiot 3. jūngyú: finally 4. shwōfú: to convince

小青一個人出來陪[1]許仙說話。

「對不起，許相公，我們的小姐酒喝多了，得休息一會兒。」

「喔，時候不早了，我也得走了，」許仙這個時候才發現天已經黑了。

「不忙」小青說，「小姐說請你別走，她還有話跟您說呢。」

「……」

「……」

「許相公，您定親[2]了沒有？」小青說到了主題[3]

「沒有，還沒定親。」

「那麼，我來給您作一個媒[4]吧，」小青笑着說。

「作媒？是誰呀？」許仙覺得她在開玩笑。

「誰？當然是我們小姐。」

「你們小姐！」許仙吃驚了「那怎麼敢當？像我這樣一個窮夥計……」

* * * * * * * * * * * *

1. péi: to keep company 2. dìngchīn: to become engaged 3. jǔtí: the main theme 4. dzwòméi: to act as a go-between in marriage

「說起來話長[1]，我們小姐……」小青替白素貞編[2]了一個很美麗的故事，「總而言之，我們小姐就想跟一個像您這樣的誠實君子[3]結婚。」

說服[4]許仙好像並不太難。雖然事情有些突然[5]，可是許仙覺得一切都是上天[6]的安排[7]，他不應當反對上天的意思。

那天晚上他們結婚了。

四　縣府[8]裏丟了三千両銀子

新婚的第二天，白素貞一早就醒了。她昨天夜裏想了一夜：現在她有家了，對這個家她要有個計劃。

「不能再讓他去作藥鋪的夥計，他應當有自己的事業，」白素貞想。「讓他自己開一個藥鋪吧，他是有經驗的，」白素貞看着睡在他旁邊的許仙。他睡的那麼熟，那麼平靜，像一個孩子那樣，心裏一點兒事都沒有。

「哦，我的丈夫，我親愛的[9]丈夫，我一定要好好兒地照顧[10]你，」白素貞輕輕地說。

* * * * * * * * * * * * *

1. shwōchilai hwàcháng: it is a long story but . . .　2. byān: to fabricate　3. jyūndž: gentleman　4. shwōfú: to convince　5. tūrán: sudden　6. shàngtyān: the heaven above　7. ānpái: arrangement　8. syànfǔ: county government　9. chīnàide: my beloved　10. jàugu: to take care of

「可是，開藥鋪需要錢，哪兒去找錢呀？」白素貞想。「……用法術[1]去偷，這應當不太難……，連小青都會……。對了，讓小青去辦吧……」

白素貞再也睡不着[2]，天沒亮就起來了。她偷偷地從房裏出來，去找小青；小青還在睡覺呢。

「哦，哦，小姐，天還沒亮呢，你怎麼起來了？新婚的第二天，你怎麼不多睡一會兒？」小青有些不高興。

「別睡了，小青，我們還有事呢！」白素貞推着小青起來。

「我想了一夜，」白素貞接着說，「我們得找些錢讓相公開個藥鋪。」

「找錢？哪兒去找？」小青還沒完全睡醒，說話說的不太清楚。

「用法術去偷……這些小法術你應當沒有問題。」

「偷？你叫我去作賊？」小青完全醒了。

「別大聲叫，」白素貞說的很隨便，「我們去偷有錢的

* * * * * * * * * * * * *

1. fǎshù: fairy magic 2. dzàiyě shwèibujáu: can't go to sleep any more

人家……。我們到縣府[1]去偷。對了，縣府裏有的是銀子……。」

「……」

「……」

小青用法術從縣府裏偷來了三千兩銀子。

許仙起來以後，白素貞把她的計劃跟他說了，又拿出來一百兩銀子要他到街上去租一所房。

縣府裏丟了銀子，知縣[2]派了很多人到街上去找可疑[3]的人。他們看見許仙帶了那麼多銀子就問他是哪兒來的。許仙說不清楚，所以就讓他們給帶走了。

「怎麼辦呢？……這都是我的錯，我不應該……」白素貞聽了這個消息非常着急。

「不要緊，」小青比較鎮靜[4]，「我把銀子送回去。」

「可是相公帶走的那一百兩呢？」白素貞問。

「我從別處去偷一百兩……」

知縣正跟他太太說丟了銀子的事情，忽然聽見他們的客

* * * * * * * * * * * *

1. syànfǔ: county government 2. jr̄syàn: the magistrate 3. kěyí: suspicious
4. jènjìng: to be calm

廳裏一聲大響。過去一看，桌子上堆着三千兩銀子。

「這是怎麼回事？……這——這銀子是從哪兒來的？」知縣大吃一驚。

知縣太太也不知道。

銀子在自己的客廳裏，就不能說是許仙偷的。可是這件事情實在太奇怪了。知縣覺得許仙一定不是一個好人。

「他是鎮江[1]人，把他送回鎮江去吧，」知縣那樣命令。

許仙和他的家就這樣地被送到鎮江去了。

五　金山寺[2]的法海和尚[3]

鎮江在長江的南岸[4]，是長江下游[5]的一個大城。在它的西邊不遠就是現在的南京。上海在東，杭州在南。往北去，過了長江，有大路可以一直經過山東到北京。因為交通發達，所以人口也多。

「早知道[6]這個地方這麼好，我們早就[7]應該來了，」小青說。

* * * * * * * * * * * * *

1. Jènjyāng: (a city)　2. Jīnshānsż: Chinshan Monastery　3. Fǎhǎihéshang: Monk Fahai　4. àn: shore　5. syàyóu: lower reaches of a river　6. dzǎu jīdau . . ,: if I'd known earlier . . .　7. dzǎujyòu. . .. . . . a long time ago

「是呀，要是在這兒開一個藥鋪……」白素貞又想到開藥鋪。

「我們還打算開藥鋪嗎？」許仙一聽説開藥鋪就有些怕。

「當然，」白素貞很肯定[1]地說，「別怕，相公，上次是我不小心，這次一定不會有錯。」

有了一次經驗白素貞和小青知道到哪兒去偷錢。縣府的錢不能偷。有錢的人家可以偷，可是每家不能偷的太多。鎮江這麼大的一座城，有的是有錢的人家。白素貞和小青很容易地就偷來了幾千兩銀子。他們就在城裏最熱鬧的地方買了一座樓房；樓上是家，樓下開了一個大藥鋪叫保和堂[2]。

說也奇怪[3]，病人吃了保和堂的藥都能好的快一點兒。白素貞自己還在藥鋪裏給人看病。鎮江這麼大城就沒有一個女醫生，尤其是這麼漂亮的女醫生。並且她的本事比別的醫生都好；別人不能治[4]的病，到了她那兒就能治好。人們都搶着[5]來看病，買藥。保和堂的買賣眞是好極了。

幸運之神[6]好像一直在照顧[7]着許仙，不久白素貞有喜[8]了

* * * * * * * * * * * * *

1. kěndìng: definite 2. Bǎuhétáng: (common name of a Chinese medicine store) 3. shwō yě chíguài: It's really strange 4. jr̀: to cure 5. chyǎngje: to rush to 6. syìngyùn-jr̄shén: God of Fortune 7. jàugu: to take care of 8. yǒusyǐ: to be pragnent

。連許仙自己都不能相信，爲什麼突然[1]地一切的幸運[2]都集中到他的身上：美麗的妻子、美麗的婢女[3]、金錢、地位；現在他快是一個孩子的父親了。

「有了孩子這個家一定更溫暖[4]。這一切都是上天的安排[5]啊！」許仙對自己說。

可是天下的事情往往不是十全十美[6]的，保和堂的買賣那麼好，因此也起了謠言[7]。

「那個白素貞可能是妖怪[8]……」有人那麼說。

「是呀，天下哪兒有這麼漂亮的女醫生？」

「我看那些病人都是受了她的妖法[9]……」

謠言越來越多，慢慢地就傳到金山寺[10]。

金山寺是江南[11]有名的一個大寺，就在鎮江城外，長江南岸的一個山上。一座一座的大房子，紅色的瓦[12]，黃色的圍牆[13]，很遠就可以看到。寺裏的和尚[14]，誰也說不清楚到底有多少；有人說有七八千，也有人說有一萬多。可是有一件事是沒有問題的：就是金山寺的和尚都是有學問、有道行

* * * * * * * * * * * * * *

1. tūrán: sudden 2. syìngyùn: fortune 3. bì'nyǔ: maid servant 4. wēnnwǎn: worm 5. ānpái: arrangement 6. shŕchywánshŕměi: to be perfect 7. yáuyán: a rumor 8. yāugwài: evil spirit, a monster 9. yāufǎ: weird magic 10. Jīnshānsż: Jinshan Monastery 11. jyāngnán: region south of the Yangtsz River 12. wǎ: roof tiles 13. wéichyáng: surrounding walls 14. héshàng: a monk

的。尤其是那兒的方丈[1]，法海法師[2]，他的道行有多麼高，那就誰也不知道了。

城裏的謠言[3]傳到了金山寺，也傳到了法海那兒。對法海來說，那簡直是不可相信[4]的事。什麼妖怪[5]敢到金山寺附近來？那簡直是看不起金山寺。這件事非得查清楚不可。

有一天的早上，保和堂的買賣還是和平常一樣好，門口買藥的人排着隊。白素貞在藥鋪裏給人看病。門外忽然來了一個老和尚[6]，高高的個兒[7]，像雪一樣白的鬍鬚[8]，站在門外頭一句話也不說，眼睛一直的看着白素貞。

「法師[9]您要買藥嗎？」保和堂的夥計問。

「我不是來買藥的，」和尚回答。他那低而響的聲音像鐘[10]聲一樣，使四周圍的人都吃驚了。

「那麼您是來化緣[11]的？」夥計問。

「也不是，我要見你們主人。」

許仙剛從樓上下來，聽見有人找他就過來了。和尚對着許仙的臉看了一會兒。

* * * * * * * * * * * * *

1. fāngjàng: abbot of a monestery 2. Fǎhǎi Fǎshr̄: (Budd.) Master Fahai 3. yáu yán: rumor 4. bùkě syāngsyìn: unbelievable 5. yāugwài: evil spirit, monster 6. héshàng: monk 7. gèr: figure 8. húsyū: beard 9. fǎshr̄: (Budd.) master 10. jūng: big bell 11. hwàywán: to beg for alms

「我是金山寺[1]的方丈[2]，法海。」

「法海法師[3]！誰不知道金山寺的法海法師，」許仙心裏想，「但是他來作什麼呢？難道[4]他有病？」許仙很不明白。

「相公，我們找一個安靜的地方談談吧，」法海的話叫醒了許仙。

「啊！大法師，久仰，久仰。我姓許，叫許仙。請到我書房[5]去談談吧，」許仙很恭敬[6]地說。

*　　*　　*　　*　　*

「許相公，我剛才經過這兒，看見你這房子裏都是妖氣[7]。後來看到你，你的臉上也都是妖氣……」法海雖然說話說的很慢，可是他那響而有力的聲音使人不得不相信他說的話都是對的。

「但是，法師，你說的妖怪[8]在哪兒呢？」許仙有些怕。

「那個妖怪整天跟你在一起，她就是你的妻子，我剛才已經看見她了。」

「法師，請你不要開玩笑。」許仙有些不高興。她不願

* * * * * * * * * * * * *

1. sž: monastery　2. fāngjàng: abbot　3. fǎshr̄: (Budd.) master　4. nándàu: is it possible. . .?　5. shūfáng: a study　6. gūngjìng: to be respectful　7. yāuchì: wichery, ominous atmosphere　8. yāugwài: evil spirit, demon

意有人拿他妻子開玩笑。對白素貞他不但深愛，而且尊敬[1]。

「阿彌陀佛[2]！」法海說，「我說的話你當然不信。但是端陽節[3]快到了，那時候你讓你妻子多喝兩杯酒就可以證明[4]我的話了。」法海說完了站起來就往外走，也沒說「再見」。

六　在床上躺着[5]一條大蛇[6]

端陽節在陰曆[7]五月初五[8]，那個時候夏天剛開始，天氣也熱起來了，各種毒蟲[9]，毒蛇都從地底下出來。所以人們在這一天要喝雄黃酒[10]，因爲那些毒蟲，毒蛇都怕雄黃。

據說傳一條蛇雖然可以修鍊[11]到變成人的形狀[12]，但是在端陽節那一天，因爲到處都是雄黃，所以也沒法子和平常人在一起，一定得偷偷地到沒有人的地方去躲[13]一天。白素貞和小青都注意到端陽節快到了。她們得計劃計劃，應當怎麼辦。

「我們到山上去躲一天吧。」小青說。

「不行呀，要是相公一天沒看見我們兩個人，一定會着

* * * * * * * * * * * *

1. dzwūnjìng: to respect　2. Wōmítwófwó: Amitabha, Buddha of boundless light (same as 'God bless you')　3. Dwānyángjyé: May Festival, Dragon Boat Festival　4. jèngmíng: to prove　5. tǎngje: lay　6. shé: snake　7. yīnlì: the lunar calendar　8. chūwǔ: the fifth of a month of the lunar calendar　9. dúchúng: poison worms, insects & reptiles　10. syúnghwángjyǒu: wine containing flowers of sulphur, said to cure snake bites etc.　11. syōulyàn: to train by self discipline　12. syíngjwàng: form, shape　13. dwǒ: to hide

急的。」白素貞還是想着她的丈夫。

「那怎麼辦呢？那一天到處都是雄黃[1]的味兒，我可受不了[2]。」

「那麼，你自己到山上去吧，」白素貞說，「我在這裏陪[3]相公。」

「你受得了嗎？」小青有些不放心。

「沒有問題的。我有千年的道行。我想我受得了。」

端陽節[4]終於[5]到了。那天鎮江城裏熱鬧極了。城外的河上賽着龍舟[6]，據說那是爲了紀念[7]戰國時代[8]的一位詩人[9]，屈原[10]。城裏每家都預備了酒、菜。小青頭一天晚上就出了城，在山上找了一個洞，打算休息一天。白素貞那天早上也說不舒服，想在床上睡一天。許仙已經進來過好幾次了，每次都問白素貞好一點兒了沒有。

「別着急，相公，我沒什麼病，就有一點兒頭痛，睡一天就好了。你下去過節[11]去吧。千萬少喝點兒酒，吃了午飯去看賽龍舟去，」白素貞說。

* * * * * * * * * * * *

1. syúnghwáng: flowers of sulphur 2. shòubulyǎu: cannot stand 3. pei: to keep company 4. dwānyángjyé: May Festival 5. jūngyú: finally 6. sài . . . lúngjōu: to race dragon boats 7. jìnyàn: to commemorate 8. Jàn'gwóshŕdài: Warring States Period (403–221 B.C.) 9. shīrén: a poet 10. Chyūywán: (name of the poet) 11. gwòjyé: to celebrate a festival

保和堂的夥計們那天預備了很多酒菜，他們打算好好兒地過節[1]。許仙和他們一起喝酒，酒越喝越多，忽然許仙想起法海和尚的話來了。

「她眞是妖怪嗎?這個和尚簡直的胡說[2]，」許仙覺得很可笑，「……讓她喝點兒雄黃[3]酒吧。」半醉的許仙想和白素貞開玩笑。

他手裏拿着兩大杯酒，一步高一步低地[4]走進了白素貞的房。

「素貞，來，我敬[5]你一杯，」許仙大聲地說。

「我今天不能喝酒，」白素貞說。

「你是會喝酒的，今天又是過節，爲什麼不喝呢？」

「你知道我今天不舒服……」

「我看你是着了點兒涼，喝一點兒酒對你有好處。並且，只我一個人喝酒也沒意思。今天過節，大家都應該高高興興地……」許仙好像有點兒生氣。

「他說的對，」白素貞想，「一個人喝酒多沒意思呀！

* * * * * * * * * * * *

1. gwòjyé: to celebrate a festival 2. húshwō: to talk nonsense 3. syúnghwáng: flowers of sulphur 4. yíbù gāu yíbù dī de: staggeringly 5. jìng: to toast (someone's health)

我要讓他快樂……。一杯酒我應當受得了[1]。」

「好吧，」白素貞說，「我陪你喝一杯。可是就只喝一杯。」

許仙敬[2]了白素貞一杯，自己也喝了一杯。

「你睡吧，我下去了，一會兒再來看你。」許仙說完了又一步高一步低地[3]下樓去。「和尚的話眞不可信……」許仙對自己說，聲音很不清楚。

*　　*　　*　　*　　*

雄黃[4]的味兒使白素貞很不舒服，她頭痛的利害，她要吐[5]，但是她不願意讓人知道。過了半天她覺得好了一點兒，但是她很累，她得好好兒他休息一會兒。她睡着了。慢慢地她恢復[6]到原來的形狀[7]——一條大白蛇！

*　　*　　*　　*　　*

夥計們吃完了飯都出去看賽龍舟[8]去了。許仙因爲白素貞不舒服，所以沒有去。他一個人又喝了一會兒酒，覺得沒有意思，所以又上樓來了。

* * * * * * * * * * * *

1. shòudelyǒu: to be able to endure　2. jìng: to toast (someone's health)　3. yíbù gāu yíbù dī de: staggeringly　4. syúnghwáng: flowers of sulphur　5. tù: to vomit　6. hwēifu: to restore　7. syíngjwàng: form　8. sài lúngjōu: to race dragon boats

「素貞你睡着了嗎？我來陪你，」許仙走近了床。

「蛇！」他倒了下去，嚇死了[1]。

太陽下去，天快黑了，小青從城外回來，整個的保和堂安靜得奇怪。

「夥計們大概都出去了，」小青想。「相公也出去了嗎？……不會的[2]。」小青很快地上了樓，她看見許仙倒在地下，已經死了。

「姐姐！姐姐！」小青叫醒了白素貞。

「啊！天哪！」白素貞看見許仙倒在地上，知道出事了。「我不應該喝那杯酒，……怎麼辦呢？還能救嗎？……」白素貞着急得不知道怎麼辦。小青試了試許仙的鼻子、嘴。

「已經沒有氣了，」小青失望地[3]説，「除非你有靈芝仙草[4]，恐怕誰也沒法救了。」

「仙草？」白素貞忽然想起來了，「對了，仙草！昆侖山[5]西王母[6]的靈芝草！」

「但是西王母的仙草不是隨便給人的，她能給你嗎？」

* * * * * * * * * * * *

1. syàszle: died of fright 2. búhwèide: it can't be 3. shīwàngde: disappointedly 4. língjīsyāntsǎu: a mythic plant of long life 5. Kwūnlwúnshān: Kunlun Mountain 6. Syīwángmǔ: (a fairy princes)

小青覺得懷疑[1]。

「我去偷！」

「偷西王母的仙草！那簡直是太不可能，太危險了。」

可是白素貞下了決心[2]，爲了救她的丈夫，就是更危險的地方她也要去試試。

「要是我三天不回來，我一定已經死了。你自己回峨眉山[3]去吧。」白素貞拉着小青的手跟她說再見。

「你會回來的，姐姐，你會回來的。上天保佑[4]你。」小青哭了。

七　西王母和她的靈芝仙草[5]

念過中國地理的人大概都知道昆侖山[6]在哪兒，可是很少人上過那座山。第一，這座山在中國的西部，離本部[7]實在太遠。第二，這座山太高太大，平常人就沒法子上去。但是最要緊的原因是昆侖山是神住的地方。山上的神，有的比較善良[8]，可是也有很多凶神[9]。那些凶神，有的管理人間的疾病[10]

* * * * * * * * * * * * *

1. hwáiyí: to be skeptical　2. syà . . . jywésyīn: to make up one's mind　3. Éméishān: Emei Mountain　4. bǎuyòu: to bless　5. língjr̄ syāntsǎu: a mythic plant of long life　6. Kwūnlwúnshān: Kunlun Mountain　7. běnbù: (China) proper　8. shànlyáng: to be kind　9. syūngshén: an evil god　10. jíbìng: sickness

，死亡[1]；有的管理天災[2]，戰爭。要是有人，甚至於[3]得了道的仙[4]遇見了他們，也會有很大的麻煩。所以不管是仙，是妖[5]，或是人，都不敢走近這座大山，更不用說是上去了。在山上管那些神的神就是西王母。他是他們的領袖[6]，他們的統治者[7]。但是天下的人誰也沒見過西王母，當然沒法子知道他長的什麼樣子，甚至於連是男是女都不知道。有人說他長的很可怕，也有人說她是一位非常善良[8]的老太太。

白素貞在峨眉山修鍊的時候常聽別人說到崑崙山，說到西王母和他的仙草。據說他的靈芝仙草[9]可以使人長生不老[10]，可以使人起死回生[11]。可是上崑崙山實在太難，太危險，所以誰也不敢去試試。那些故事對當時的白素貞來說只是一個有意思的傳說[12]。她怎麼也想不到她會有一天自己上崑崙山去偷仙草。可是她終於[13]來了。

白素貞的法術使她很快地從鎮江來到崑崙山，但是上山却是另外一回事[14]。上山的困難不是一個蛇妖[15]的法術可以解決的。不過天下的事情都不是絕對的，有困難總有解決的

* * * * * * * * * * * * * *

1. sžwáng: death 2. tyāndzāi: natural disaster 3. shènjryú: even to 4. syān: immortal 5. yāu: spirit, demon 6. lǐngsyòu: leader 7. tǔngjr̀jě: ruler 8. shànlyáng: to be kind 9. língjr̄ syāntsǎu: mythic plant of long life 10. chángshēngbùlaǔ: perpetual rejuvenation 11. chǐsžhwèishēng: to bring back to life & health 12. chwánshwō: story that goes around 13. jūngyú: eventually 14. lìngwài yìhwéi shr̀: to be a different matter 15. shéyāu: snake spirit

辦法，只要你有決心[1]。白素貞慢慢地，一步一步地上了山。這初步[2]的成功增加了她的希望。

「站住！」一個像打雷[3]一樣的聲音叫住[4]了她，「什麼地方的妖怪[5]敢上崑崙山來！」

在她的前頭出現了一個很高很大的神，像一座房那麼高。青色的臉，紅色的頭髮，兩隻大眼睛像兩隻大黑球一樣掛在臉上，沒問題，他是一個凶神[6]。

「我——我是峨眉山[7]修——修道[8]的白——白蛇。我來求西——西王母給我一枝仙——仙草……」白素貞怕的連話也說不清楚。

「哈——哈，哈——」凶神張開了大嘴，大笑起來，「一條小蛇妖也到崑崙山來偷仙草。哈，哈，哈，哈——」

白素貞知道凶神是不會讓她過去的。

「趁他不注意的時候殺了他。」白素貞那麼想，同時很快地拔[9]出劍[10]來，用力刺向[11]凶神。

那個凶神長的實在太高，白素貞的劍只刺中[12]了他的腿[13]

* * * * * * * * * * * * * *

1. jywésyīn: determination 2. chūbù: initial, first step 3. dǎléi: to thunder 4. jyàujù: to order to stop 5. yāugwài: spirit, demon 6. syūngshén: evil spirit 7. Éméishān: Emei Mountain 8. syōudàu: to train by self-discipline 9. bá: to draw (such as a sword) 10. jyàn: sword 11. tszsyàng: to stab at 12. tszjùng: to hit (by a sword) 13. twěi: leg

。凶神一點兒也沒受傷，但是白素貞的劍使他發怒[1]了。他伸出[2]一隻大手，很容易地就把白素貞的劍搶走[3]，就像從一個孩子的手裏拿走一個玩具[4]一樣容易。他的另外一隻手一把抓住[5]了白素貞，把她舉起來，對她看了看，搖搖頭[6]說：

「太小了一點，不夠作我的點心，」說完了就往他嘴裏放。

「不許傷害[7]她。」一個莊嚴[8]的聲音從遠處傳來，一位善良[9]的老太太走近了他們。凶神[10]好像很怕那位老太太似的，立刻把白素貞放下來。

「昆侖山的仙草是不隨便給人的，」老太太對白素貞說，「不過你愛你丈夫的心感動[11]了上天。上天要我給你一枝仙草。」老太太說着從身上拿出一包藥來，「這包藥拿去，給你丈夫吃，就可以使他起死回生[12]了。你去吧。」

「謝——謝。」白素貞不知道那位老太太是不是西王母，她不敢問。

熱淚[13]從她的臉上流了下來。

* * * * * * * * * * * * *

1. fānù: to be angry 2. shēnchu: to stretch out 3. chyǎngdzǒu: to snatch away 4. wánjyù: toy 5. yìbǎ jwāju: to grab with one hand 6. yáuyáutóu: to shake one's head 7. shānghài: to harm 8. jwāngyán: to be solemn 9. shànlyáng: to be kind 10. syūngshén: evil spirit 11. gǎndùng: to move, touch 12. chǐszhwéishēng: to bring back one's life and health 13. rèlèi: hot tears

八　它也許是一條龍[1]

靈芝仙草眞是太神奇[2]了。白素貞把藥放在許仙的胸口[3]，一會兒許仙的心開始跳動，鼻子裏也有了呼吸[4]。

「謝上天，他終於[5]活過來了，」白素貞輕輕地禱告[6]。

雖然許仙還沒醒，可是他睡得很安詳[7]，一直睡到第二天早上。許仙醒了，他好像剛作完了一個惡夢[8]。他記得那是一個極可怕的夢，他看見了蛇……。

「蛇！」許仙驚叫了一聲，可是房裏的一切都那麼安靜，那麼正常[9]。白素貞睡在他的旁邊，睡得很熟。

「奇怪，多麼可怕的一個夢啊！可是……。」他忽然想起來，那不是一個夢。他想起了端陽節[10]；他想起了雄黃酒……

「那不是夢，那是眞的事情，」許仙對自己說。「難道[11]她……？」他看着白素貞。她那麼美麗，那麼溫柔[12]。

「這怎麼可能？不會的，不會的，」他覺得自己的想法不對。

* * * * * * * * * * * *

1. lúng: a dragon　2. shénchí: to be miracurous　3. syūngkǒu: breast　4. hūsyī: breath　5. jūngyú: finally　6. dǎugàu: to pray　7. ānsyáng: to be peaceful　8. èmèng: nightmare　9. jèngcháng: to be normal　10. Dwānyáng-jyé: May Festival　11. nándàu . . .: Is it possible that. . .　12. wēnróu: to be tender, gentle

「但是，那個和尚，那個法海和尚……」他忽然想起了法海說的話。

「端陽節快到了，那天你讓你妻子多喝兩杯酒就可以證明[1]我的話了。」法海響而有力的聲音又在他的耳朵[2]邊響起來。

「她是蛇妖[3]！她是蛇妖！」許仙輕輕地叫起來。「我一直跟蛇妖在一起，」他越想越可怕。

「我應該離開她；我不能和她在一起生活；我不能和她在一個床上睡……。」他偷偷地起來，到樓下藥鋪去了。

那天許仙工作得特別努力，到了晚上他告訴小青：藥鋪裏的事情太多，他不上樓了，就在書房裏睡。白素貞和小青都知道是怎麼回事[4]，可是都沒說話。

日子一天一天的過去，許仙一直都沒上樓。到了第三天，白素貞覺得這件事情應當有一個解決，她預備了一些酒菜，叫小青去請許仙上樓。

「告訴你們小姐，我忙，我沒有工夫，」許仙冷冷地回答。

* * * * * * * * * * * * *

1. jèngmíng: to prove 2. ěrdwo: ear 3. shéyāu: snake spirit 4. dzěnme-hwéishr̀: what has happened

「相公，你這是什麼意思？」小青有些生氣。「小姐特別爲你預備了酒菜……。相公，你已經三天沒上樓來了，你眞是那麼忙嗎？」

「我，我……」許仙的臉有些紅。他也知道他作得不太聰明，太明顯[1]了。

小青終於把許仙請上樓來了。一切都和以前一樣，白素貞一邊喝酒一邊談話，她談得那麼自然。

「素貞，你別喝得太多，」許仙還有些怕。

「怕什麼，你知道我是能喝酒的，」白素貞笑着說。

「不過，端陽節那天……」許仙差一點兒說出來了。

「哦，那天我不太舒服，所以不能陪你喝酒，難道[2]你還生氣嗎？」白素貞開玩笑似的說。

在許仙的背後[3]小青把一條白色的長帶子[4]從窗户扔[5]到樓下的院子裏，嘴裏念動咒語[6]，白帶子立刻變成了一條大白蛇。

「有蛇！有蛇！」小青假裝[7]很吃驚的樣子。

「哪兒？哪兒？」許仙跑到窗户那兒。「就是它！就是

* * * * * * * * * * * *

1. míngsyǎn: to be obvious　2. nándàu . . .: Is it possible that . . .?　3. bèihòu: back　4. dàidz: belt　5. rēng: to throw　6. nyàndùng jòuyǔ: to mumble the magic spell　7. jyǎjwāng: to pretend

它！端陽節那天躺[1]在你床上的就是它，」許仙對白素貞說。

「打死它！快叫人打死它！」小青叫着。

「別傷害[2]它，」白素貞很鎮靜[3]地說，「它也許是一條龍[4]。」

「一條龍？怎麼會是一條龍？」許仙很懷疑。

「是的，一定是的，」白素貞好像很有信心。「根據古書上說：龍在天上的時候，是龍的形狀；它回到地面上來的時候，就變成了蛇。你們想，這樣大的蛇應當在深山裏，怎麼會跑到鎮江城裏來？它一定是一條龍。它喜歡這個家，所以暫時在這兒住，等下大雷雨[5]的時候它就要飛回天上去。」白素貞對古書好像非常有研究。

許仙沒念過太多書，古書上說什麼，他根本不清楚。不過他小時候常聽見人說到龍跟蛇的故事，和白素貞說的一樣。

「你說得對，素貞，你說得完全對，」許仙同意白素貞的說法。

「它已經在我們家住了好幾天了，」白素貞說，「端陽

* * * * * * * * * * * *

1. tǎng: to lie down 2. shānghài: to harm 3. jènjìng: to be calm 4. lúng: a dragon 5. dàléiyǔ: a big thunder storm

節那天忽然進到我房裏來，把我嚇死了[1]。我立刻下樓去找人……」

「哦，是這麼一回事，我現在明白了。我看見它躺在你的床上，我以爲是……」許仙看着白素貞覺得很不好意思。

「都是[2]那個和尚，他太可恨[3]！」許仙把責任推給了和尚。

「和尚？什麼和尚？」白素貞，小青同時問。

「就是前幾天到藥鋪來的那個老和尚，他是金山寺的方丈[4]，法海。他說你是妖怪……」許仙把秘密都說出來了。

白素貞低着頭，半天沒說話，眼淚[5]從她的臉上流了下來。

許仙的心裏非常難過。

「我眞糊塗[6]！我怎麼把自己的妻子當作[7]妖怪？」許仙想。

「素貞，你別生氣，這都是那個和尚不好[8]。我以後再也不[9]見他了；就是他來找我，我也不見他。

* * * * * * * * * * * *

1. syàsžle: to scare to death 2. dōushr̀. . .: It's all. . .'s fault 3. kěhèn: to be damned 4. fāngjàng: an abbot 5. yǎnlèi: tears 6. húdù: to be stupid 7. dāngdzwò: to treat as. . . 8. dōu shr̀. . . bùhǎu: this is all . . .'s fault 9. dzàiyě bù . . .: will never again. . .

九　又遇見了法海和尙

美滿[1]的生活使人覺得日子過得特別快，不知不覺地已經到了秋天。那天許仙有事來到了城外金山寺附近。這是他第一次到城外來。長江的秋天有它特別的風景：兩岸的野草已經變成淡黃的顏色，在暖和的太陽光下發出亮光[2]，看着像黃金一樣。遠遠的金山上，滿山[3]都是紅葉；在紅葉當中，一座一座的大房子。

「那大概就是金山寺吧，」許仙對自己說，「可眞不小！」

「阿彌陀佛[4]。」一個很熟的聲音從許仙的背後[5]傳來。他回頭一看，是法海法師。

「好久不見了，相公，今天怎麼有機會到城外來玩兒？」法海笑着說。

「好久不見，法師，今天出城有點兒事情。」

「我們的寺就在那兒，」法海指着金山寺，「相公有工夫去玩兒玩兒嗎？」

「改天吧[6]，今天有事不能去了，」許仙說。

* * * * * * * * * * * *

1. měimǎn: to be perfect, harmonious　2. lyànggwāng: light, reflection
3. mǎnshān: the whole mountain　4. wōmitwófwó: Amitabha, Buddha of boundless light　5. bèihòu: back　6. gǎityān be: May be some other day

「金山寺是江南第一大寺，許相公你不常出城，去看看吧，」法海說。

「對啊！」許仙想，「金山寺那麼有名，我爲甚麼不去看看呢。況且[1]法海那麼客氣，要是我不去，一定會使他不高興的。」

「好吧，」許仙說，「不過我不能留的太久。」

* * * * *

金山寺眞是一所大寺，高高的圍牆[2]，油漆[3]的大門，裏邊有數不清[4]的大房子。要是沒有人帶着，進去了就會出不來。

法海非常客氣，請許仙喝茶，吃點心。他們的談話慢慢地轉到白素貞的身上[5]。

「相公，端陽節那天的事可以證明[6]我的話了吧，」法海說到了主題[7]。

「是啊，那天差一點兒把我嚇死了[8]，」許仙說。

「你知道她是妖怪，爲什麼還跟她在一起呢？」法海問。

「妖怪？她怎麼會是妖怪！」

* * * * * * * * * * * *

1. kwàngchyě: moverover 2. wéichyáng: surrounding walls 3. yóuchī: varnish, oil paint 4. shǔbùchīng: innumerable 5. . . .shēnshang: the affairs of . . . 6. jèngmíng: to prove 7. jǔtí: theme 8. syàsžle: to scare to death

「那天你看見的那條蛇就是她；她是蛇妖，連她的婢女[1]都是。」

「不對，那是一條龍，是古書上説的。」許仙想起了白素貞的話。

「相公，你太老實[2]了，龍在天上，在海裏，這兒是看不見的。那天她喝了雄黃酒，所以恢復[3]了原來的形狀……」

「眞的嗎?」許仙的信心有些動搖[4]，「她們都是蛇妖！那太可怕了。」

「人和妖是不應該在一起的……」法海慢慢地說着，他那低而有力的聲音非常感動人[5]。

「但是——但是她們對我很好，沒有害[6]我的意思，」許仙說。

「現在也許沒有，不過以後怎麼樣就難說了。妖和人不一樣，也許有一天她生了氣……」

許仙半天沒説話。

「——太可怕了！怎麼辦呢？」許仙看着法海，希望得

* * * * * * * * * * * * *

1. bǐ'nyǔ: servent girl 2. lǎushŕ: honest, simple-minded and guileless 3. hwēifu: to restore 4. dùngyáu: to falter in belief 5. gǎndùngrén: to be touching 6. hài: to harm

到他的幫助。

「別回家了，就在這兒住吧，」法海說，「在這兒我們可以保護[1]你。」

那天晚上許仙沒回家。

*　*　*　*　*

這樣過了三天，白素貞派了藥鋪的夥計到各處去打聽許仙的消息。

「可能又讓縣府的人給帶走了吧？」白素貞問。

「夥計到縣府去看了，說沒有，」小青回答。

「也許他回到杭州去看他姐姐去了？」

「可能，不過他一定會先告訴我們的。」

有一個夥計回來說：有人在城外看見相公，他和一個和尚往金山寺那邊走。

「金山寺！」白素貞和小青同時地叫起來。

「法海和尚——」白素貞對小青說，「一定是那個和尚把他帶到金山寺去了。」

* * * * * * * * * * * *

1. bǎohù: to protect

「但是相公說過他不再見法海……」小青生氣了。

「一定是法海引誘他……」白素貞替許仙解釋[1]。

「那怎麼辦呢？」

「我們到金山寺去找他，」白素貞決定了。

「要是法海不讓相公回來……」小青懷疑。

「我把法海殺了！」白素貞大聲地說，「我要把金山寺的和尚都殺了！」

「好，我們把許仙也一起殺了，回到峨眉山去吧。」小青覺得這樣才能解決一切的問題。

「不，相公是好人，」白素貞還是愛許仙。

「姐姐，你怎麼還沒醒呀？」小青很不滿意。「以前我以爲他是個傻子[2]，現在我覺得他根本不是好人。你對他那麼好，可是他……」

「別說了，小青，」白素貞不願意再聽，「別忘了把我們的劍[3]帶着。」

* * * * * * * * * * * * *

1. jyěshr: to explain. 2. shǎdz: idiot 3. jyàn: sword

十　金山上的戰鬥[1]

金山寺平常是很熱鬧的，每天都有好幾千人來進香拜佛[2]，但是今天的情形有些不同。門外來了一位穿白衣服的太太，帶着婢女，兩個人身上都帶着劍，大聲地説要見法海，寺裏的和尚好像也都有了準備，每個人身上都帶着武器[3]。來進香的客人都已經被趕走。寺裏靜靜地，但是空氣非常緊張。

「方丈請兩位進去，」有一位和尚出來説。

進了大門就看見法海手裏拿着禪杖[4]坐在當中，兩邊站着很多帶武器的和尚。

「法海！你把我的丈夫藏[5]在哪兒？」白素貞一看見他就很不客氣地問。

「許相公在我這兒，但是他不想回去，」法海回答。

「我不信，你請他出來，我要跟他説話。」

「不行，人和妖不能在一起，你們應當立刻回峨眉山去。」

「這是我們自己的事，你管不着！」白素貞發怒[6]了，她和小青都拔出劍來[7]。

* * * * * * * * * * * *

1. jàndòu: fight, battle　2. jìnsyāng bàifwó: to offer incense and to worship Buddha　3. wǔchì: weapon　4. chánjàng: Buddhist cane (orig. a cane with a padded head for knocking on head of one who falls asleep)　5. tsáng: to hide　6. fānù: to become angry　7. báchūjyànlái: to draw (one's) sword

「這是金山寺，你們不能無禮[1]，」法海也站了起來，舉起了禪杖[2]。

他們沒再說話；白素貞和小青的劍刺向[3]法海，法海的禪杖也向白素貞、小青打下來。兩邊的和尚都舉起了武器[4]，一場戰鬥[5]開始了。

白素貞和小青的劍術[6]是受過訓練[7]的。她們雖然只有兩個人，但是並不怕那些和尚。忽然一聲大響，法海的禪杖打在白素貞的劍上，斷了。法海沒想到白素貞那麼利害，他很快地往後退。白素貞想追，但是很多和尚把她們包圍[8]了。

「我們走吧，」小青覺得情形不對。「他們的人太多，我們得另外想辦法。」

「我得找到相公，」白素貞不肯立刻就走。

「這麼許多房子，這麼許多和尚，你到哪兒去找啊？我們回去吧，」小青說。

白素貞沒法子，只好跟小青一起出來了。她們下了金山，到了江邊。

* * * * * * * * * * * * *

1. wúlǐ: to be rude　2. chánjàng: Buddhist cane　3. tsžsyàng: to stab at
4. wǔchì: weapon　5. jàndòu: fight, battle　6. jyànshù: swordsmanship
7. syùnlyàng: training　8. bāuwéi: to surround

「這麼許多和尚我們怎麼跟他們打呢？」小青想要回家。

「我們不能這樣就算了，」白素貞不同意。

「要是我們能找到人幫忙……」小青說。

「長江的水妖[1]！」白素貞叫起來，「長江的水妖可以幫助我們。」

白素貞念動咒語，上千上萬[2]的水妖都集中到鎮江[3]來；有魚妖，有蝦[4]妖，有……；誰也數不清[5]有多少。它們都來聽白素貞的命令。不過，那些水妖都不能離開水，它們沒法子上金山。

「好吧，我使長江的水漲到金山上去。」白素貞又念動了咒語。

長江的水漲上來了，又高又大的浪[6]，一個接一個地打到岸上，打到金山上，打到金山寺的大門前頭。上千上萬的水妖，拿着武器[7]，往寺裏跑，和寺裏的和尚打起來。白素貞和小青站在一隻船上指揮[8]。

水妖們對作戰[9]是有訓練[10]的，平常在江裏的時候就互

* * * * * * * * * * * * *

1. shwěiyāu: devils in the water 2. shàngchyān shàngwàn: thousands and thousands of 3. Jènjyāng: (name of a city) 4. syā: shrimp 5. shǔbùchīng: cannot reckon how many 6. làng: a wave 7. wǔchì: weapon 8. jřhwēi: to command 9. dzwòjàn: to make war, fight 10. yǒusyùnlyan: to be well trained

相作戰[1]，打敗的就讓打勝的[2]給吃了。但是和尚們却沒有這種訓練[3]，所以不到一會兒戰場[4]上的情形就有了變化。和尚的力量越來越弱，立刻就要打敗了。

就在那時候，指揮[5]作戰的白素貞忽然覺得肚子[6]痛，她在船上倒了下來。水妖們沒有了領袖[7]立刻就亂起來。金山寺的和尚趁機會反攻[8]。一場快勝利的戰爭終於打敗了。

金山上的水退回到長江；水妖們往各處逃走。小青保護着白素貞，一邊作戰一邊退，最後退到了長江。

「到哪兒去呢？」小青想，「鎮江是不能再住的了……到杭州去吧……」

十一　杭州的斷橋[9]

對金山寺的和尚來說，這是一場大的勝利。和尚們都談着戰鬥[10]的經過；許仙也在各處問。他關心[11]的是他妻子，不是戰鬥的結果。

「請問，我的妻子怎麼了？」許仙問一個和尚。

* * * * * * * * * * * *

1. dzwòjàn: to make war, fight 2. dǎshèngde: the one who wins 3. syùnlyan: training 4. jànchǎng: battlefield 5. jřhwēi: to command 6. dùdz: belly 7. lǐngsyòu: leader 8. fǎngūng: to counter attack 9. Dwànchyáu: The Broken Bridge 10. jàndòu: fight, battle 11. gwānsyīn: to be concerned about

「誰？誰是你的妻子？」和尚不懂。

「那位穿白衣服的太太。」

「啊！你說的是那個妖怪……她倒下去了。」

「後來呢[1]？」

「後來？後來我不知道，也許已經死了。」

「死了？你看見她死了？」許仙急得要哭。

「我沒看見。那個妖怪……」

「她不是妖怪，她是我妻子，」許仙大聲地叫。

那個和尚嚇了一跳[2]，他對許仙看了半天，沒說什麼，就走了。

「我得離開這兒……，我要去找她……。」許仙輕輕地對自己說。

他偷偷地離開了金山寺，回到保和堂，但是他沒找到白素貞。離開了白素貞，他像是一條沒家的狗，各處亂走，不知道怎麼辦。

「到杭州去找我姐姐吧，」許仙終於打定了主意。

* * * * * * * * * * * *

1. hòulái ne: what afterwards? 2. syàle yítyàu: to get a fright

*　*　*　*　*

許仙的船到了杭州，遠遠地看見了斷橋[1]。斷橋是杭州一個有名的地方。據說那座橋剛造好的時候，按規定應當讓出錢最多的那個人第一個過橋。那天到那兒去參觀的人很多。一個出錢最多的老先生正打算過橋呢，忽然在人羣[2]裏出來一個要飯的[3]，走上了橋。他好像根本不知道有這個規定，很快地往橋那頭走去。他還沒走完那座橋，旁邊兒的人就把他叫住[4]了。有人還上去把他拉回來。正在亂的時候，那座橋倒了；要飯的不見了。但是奇怪的是：那個要飯的走過的那一段沒有倒，只是沒走過的那段倒了。人們說那個要飯的是神仙，所以誰也不敢去修倒了的那段。那就是後來有名的斷橋。

天已經黑了，許仙看見岸上有兩個女人。一個穿白衣服的坐在一塊大石頭上，看着好像是白素貞。

「素貞！是你嗎？」許仙興奮[5]地叫起來，往岸上跑。

「是相公嗎？」一個低而[6]弱的聲音傳過來。

「素貞！素貞！」許仙快跑近白素貞的時候看見小青，

* * * * * * * * * * * * *

1. Dwànchyáu: The Broken Bridge　2. rénchyún: a crowd　3. yàufànde: a beggar　4. jyàuju: to order to stop　5. syīngfèn: to be excited　6. ér: and

手裏拿着劍，站在前頭，臉上冷冷的。

「你來幹什麼？」小青問，聲音冷得像一塊冰[1]。

「你們小姐，她怎麼了？」許仙還想過去。小青的劍指着許仙；他呆住了[2]。

「小青，你怎麼了？」許仙問。

「許仙，你好[3]！」小青氣得要殺人。「我們小姐對你這麼好，你却跑到金山寺去躲[4]起來了。」小青一步一步地走向許仙，她隨時可以刺死[5]他。

「我……我……素貞！」許仙急得不知道怎麼辦。

「小青，你回來！你不能對相公這樣無禮[6]……」白素貞剛說完話，又倒下了。小青趕緊跑回去照顧[7]白素貞；許仙也趕了過來。

「小姐，你怎麼了？」

「素貞，你怎麼了？」

「我不要緊，休息一會兒就好了，」白素貞輕輕地說。「小青，不要怪[8]相公。」

* * * * * * * * * * * * *

1. bīng: ice 2. dāijule: to be stunned 3. ní hǎu: (a threat) 4. dwǒ: to hide 5. tsžsž: to stab and kill 6. wúlǐ: to be rude 7. jàugu: to take care (of a person) 8. gwài: to blame

「我們不能在這兒過夜[1]……，到我姐姐家裏去吧，」許仙有了主意。

十二　從靈山[2]得來的金鉢[3]

那年冬天，白素貞在杭州生了一個兒子。有了孩子，一個家就更溫暖[4]了。一切的不幸。一切的誤會[5]都已經成了過去。但是在這平靜，快樂，溫暖的後頭却醞釀[6]着一場大風暴[7]。

當金山寺的和尚們慶祝[8]他們勝利的時候，法海却爲這次戰鬥感到不安。

「那兩個蛇妖太利害了，她們居然[9]能指揮[10]長江的水妖來打金山寺……」法海自己想。「雖然這次把它們打敗了，可是並沒能把它們殺死；妖怪是不應當跟人在一起的……」

法海知道靠[11]他自己的力量是沒法子除掉[12]那兩個蛇妖的，他得上靈山。

靈山是佛教[13]的聖地[14]。當年釋迦牟尼[15]曾經在那兒講過道；在那兒住的都是得了道[16]的佛[17]。

* * * * * * * * * * * * *

1. gwòyè: to spend a night　2. Língshān: (Buddhist fairies abode)　3. bwō: monk's alms-bowl　4. wēnnwǎn: to be warm　5. wùhwei: misunderstanding　6. yùnrǎng: to ferment　7. fēngbàu: storm　8. chìngju: to celebrate　9. jyūrán: actually, contrary to expectation　10. jǐhwēi: to command　11. kàu: to depend on　12. chúdyàu: to get rid off　13. fwójyàu: Buddhism　14. shèngdi: a holy place　15. Shřjyāmǔní: Saky muni (the founder of Buddhism)　16. dédàu: to achieve wisdom　17. fwó: various Buddhas

法海從靈山[1]得來了一個金鉢[2]。鉢是和尚吃飯時候用的一種大碗[3]，本來是一件很平常的東西，每個和尚都有一個。但是從靈山得來的鉢就和平常的不一樣；它可以把妖怪收[4]到鉢裏去，不管那個妖怪多麼大，多麼利害。

許仙在杭州的生活眞是太舒服了，他有錢，不需要工作。白天不是去看朋友就是到城外去玩兒。家裏的事情也不用他管，他姐姐，他妻子，還有小青把家管得好好兒的。晚上回家跟家裏的人談談話，跟孩子玩兒玩兒，這樣一天就過去了。

有一天下午許仙還跟平常一樣出去玩兒，但是在他晚上回家的時候發現家裏出了事。素貞不見了；小青也不見了；孩子在屋裏哭。姐姐坐在地上，兩隻眼睛[5]睜[6]得大大的，往前看，她好像誰都不認識了。家裏的東西亂七八糟[7]地，好像有人剛在那兒打過架[8]。

「怎麼了，姐姐？素貞呢？——小青呢？——」許仙着急地問。

* * * * * * * * * * * * *

1. Língshān 2. bwō: monk's alms-bowl 3. wǎn: bowl 4. shōu: to collect 5. yǎnjing: eye 6. jěng: to open wide (of eyes) 7. lwànchibādzāu: in great confusion 8. dǎjyà: scuffle

「——」

「說啊！姐姐!你怎麼不說話呀？」許仙搖[1]着他姐姐。

「哇[2]——！」她哭了，「嚇死我了[3]！嚇死我了，」

「到底怎麼回事兒？」

「剛才——來——來了一個和尚，他——他手裏——拿了一個金——金缽[4]。素貞——小青看見那個缽——怕——怕得不得了。忽然——她們兩個人——變成了兩條——小——小蛇，被收[5]到金——金缽裏去了，」姐姐一邊哭，一邊說。

「法海!一定是法海,那個狗和尚[6]——那個狗和尚——」許仙的聲音越來越輕，最後他倒了下去。

過了很久，許仙才醒過來。有個醫生在給他看病；姐姐在旁邊哭。這一切好像是一個夢，一個可怕的夢。可是夢醒了[7]，他失去了夢裏一切美滿[8]的東西，他覺得人生特別空虛[9]。他想哭，可是他沒有眼淚；他想死，但是他不能。他現在有了兒子，他得照顧那個可憐的孩子——那個沒有母親的孩子。

* * * * * * * * * * * *

1. yáu: to shake 2. wā: (sound of crying) 3. syàszwǒle: it scared me to death 4. bwō: monk's alms-bowl 5. shōu: to collect 6. gǒu héshang: son of a bitch monk 7. mèng syǐngle: he waked up from a dream 8. měimǎn: to be wonderful, pretty 9. kūngsyū: to be empty

十三　雷峯塔[1]

杭州城裏傳說着蛇妖的故事：一條白蛇和一條青蛇，被金山寺的法海和尚收到金鉢裏去，壓在[2]雷峯塔下頭了。……

雷峯塔，那是杭州城外一座有名的塔，它建造在西湖旁邊的一座山上。據說是在五代[3]的時候造的，已經有很長的歷史了。塔破舊[4]得利害；但是當夕陽[5]照在塔上的時候，塔的影子[6]反映[7]在湖裏却是一張美麗的畫兒。很多詩人[8]、畫家[9]就在這個時候靜靜地坐在湖邊，找他們的靈感[10]。

兩個蛇妖被收壓在[11]雷峯塔下的傳說，對許仙來說是不可相信的，但是他不願意放過[12]這唯一[13]可以找到他妻子的機會，所以他常常一個人到雷峯塔去，希望能找到法海的金鉢，或是一兩條蛇。可是結果總是使他失望。

日子一天一天的過去，許仙的孩子長大了。每年在白素貞失蹤[14]的那天，許仙總是帶着兒子到雷峯塔去。他常常對着塔看半天；那座古老[15]破舊的塔，可以把他的思念[17]帶得很遠。

* * * * * * * * * * * *

1. Léifēngtǎ: Thunder-hill Pagoda　2. yādzài: to place under (an heavy object)　3. Wǔdài: The Five Dynasties (907-959 A.D.)　4. pwòjyòu: broken down　5. syīyáng: evening sun　6. yǐngdz: reflection　7. fǎnyìng: to reflect, to mirror　8. shr̄ren: a poet　9. hwàjyā: painter, artist　10. línggǎn: inspiration　11. shōu yādzài: to be captured and placed under (a heavy object)　12. fànggwo: to let go　13. wéiyī: one and only　14. shr̄dzūng: to disappear　15. gǔlǎu: age-old　16. sžnyàn: thought and memory

「爸爸[1]，我們來作什麼？」孩子有些不懂。

「哦[2]！你母親過去以後就埋[3]在這座塔下，」許仙很隨便地編[4]了一個故事。他不能把實在的情形告訴他兒子，那實在太難使人相信了。

十四　尾聲[5]

有一天許仙在家裏，忽然聽見外頭有人大聲地叫：

「雷峯塔[6]倒了！雷峯塔倒了！」

許仙忙忙地跑到西湖去，可不是嗎！雷峯塔已經不見了。有人說：那是那兩條蛇妖的法術，她們終於逃出來了。也有人說：那是上天的意思，那兩個蛇妖沒作過壞事，不應當被壓在[7]塔下。

蛇妖的故事，像雷峯塔一樣，慢慢地讓人給忘了。偶然[8]會有一個年老的人在西湖邊上給一羣孩子們講當年[9]白蛇，青蛇的故事。

～～完～～

* * * * * * * * * * * *

1. bàba: papa　2. àu: oh　3. mái: to burry　4. byān: to make up (a story)　5. wěishēng: the last echo, last act (of some disappearing movement; coda　6. Léifēngtǎ: Thunder-hill Pagoda　7 yādzài: to place something (under a heavy object)　8. ǒurán: occasionally　9. dāngnyán: years ago

NEW WORDS LEFT OUT AFTER THE THIRD OCCURRENCE

The following list of characters and combinations is arranged by a combination of stroke-counting and stroke order. In this system a character or a combination is first sorted into a group according to the number of strokes in the character or the number of strokes in the first character in the combination. The group is subdivided according to the value of the first stroke arranged in the order of 1. a dot (丶) 2. a horizontal stroke (一) 3. a vertical stroke (丨) 4. a left downward slant (丿). Within each subdivision the arrangement is made according to the value of the second stroke, and so on.

2 (丿)

人間	réniyān	this human word
人羣	rénchyún	a crowd

3 (一)

弓	gūng	a bow
丈夫	jàngfu	husband

(丿)

女神	nyǔshén	a goddess

4 (丶)

方丈	fāngjàng	abbot of a monestery

(一)

不幸	búsyìng	unfortunately
不死藥	bùsž yàu	elixir of life
引誘	yǐnyòu	to seduce, seduction
天帝	tyāndì	Celestial Ruler
天神	tyānshén	celestial spirit

(丨)

日子	ìdz	a day; date

(丿)

兇神	syūngshén	an evil god

4	公平	gūngpíng	to be fair
5	(丶)		
	它	tā	it
	永遠	yǔngywǎn	forever
	(丨)		
	出現	chūsyàn	to appear
6	(丶)		
	安排	ānpái	to arrange; arrangement
	(一)		
	寺	sż̀	a monestery
	地面上	dìmyànshang	on the ground
	老百姓	lǎubǎisyìng	common people
	而	ér	and; but
	(丿)		
	自私	dż̀sż̄	to be selfish
	后羿	Hòuyì	(name of a person)
7	(一)		
	妻子	chīde	wife
	君子	jyūndž̌	a gentleman
	形狀	syíngjwàng	form, shape
	却	chywè	however, actually, on the contrary
	(丨)		
	快樂	kwàilè	to be happy
	(丿)		
	妖怪	yāugwài	an evil spirit, monster, demon
8	(丶)		
	宓妃	Fúféi	(the goddess of River Lo)
	河伯	Hébwó	(name of the Spirit of Water)
	法師	fǎshr̄	a (Buddhist) master
	法術	fǎshù	fairy magic

8	(一)		
	武器	wǔchì	weapon
	(丨)		
	昆侖山	kwūnlwúnshān	The Kun Lun Mountain
	長生不老	chángshēngbùlǎu	perpetual rejuvanation
	(丿)		
	念動咒語	nyàndùngjòuyǔ	to mumble the magic formula
	金山寺	Jīnshānsż̀	Chin Shan Monastery
	和	há	and
	和尚	héshang	a monk
9	(丶)		
	洛水	Lwòshwěi	River Lo
	美麗	měilì	to be beautiful
	(一)		
	相公	syànggūng	a young master
	(丨)		
	英雄	yīngsyúng	a hero
	恢復	hwēifu	to restore
	(丿)		
	逃	táu	to escape
	修道	syōudàu	to train by self-discipline
	修鍊	syōulyàn	to train by self-discipline
10	(丶)		
	神仙	shénsyān	an immortal
	(一)		
	根	gēn	(a measure for feather, clubs etc.)
	破舊	pwòjyòu	to be broken down
	(丨)		
	哦	àu	oh

10	峨眉山	Éméishān	E Mei Mountain
	(ノ)		
	殺死	shāsž	to kill
	射中	shèjùng	to hit (a target)
11	(一)		
	發生	fāshēng	to happen
	陪	péi	to keep company
	(丨)		
	野獸	yěshòu	wild beast
	眼睛	yǎnjing	eye
	蛇	shé	a snake
	蛇妖	shéyāu	a snake spirit
	(ノ)		
	終於	jūngyú	finally
	得道成仙	dédàuchéngsyān	to achieve wisdom and become immortal
12	(丶)		
	痛苦	tùngkǔ	to be suffering
	善良	shànlyáng	to be kind
	道行	dàusyíng	strength of religious training
	(一)		
	堯	Yáu	Emperor Yao (2357–2255 BC)
	越…越…	ywà . . . ywà . . .	the more . . . , the more . . .
	雄黃	syúnghwáng	flowers of sulphur
	(丨)		
	圍牆	wéichyáng	surrounding walls
12	(ノ)		
	婢女	bì' nyǔ	a servant girl
13	(一)		
	雷峯塔	Léifēngtǎ	Thunder-hill Pagoda
	感情	gǎnchíng	feeling, affection

13 (丨)		
當時	dāngshŕ	at that time
照顧	jàugu	to take care of (a person)
跳	tyàu	to jump
(丿)		
鉢	bwō	a monk's alms-bowl
躲	dwǒ	to hide
14 (丶)		
滿意	mǎnyì	to be satisfied
滿足	mǎndzú	to be satisfied
端陽節	Dwānyángjyé	May Festival
(丨)		
夥計	hwǒji	a clerk of a store
(丿)		
嫦娥	Cháng'é	(wife of Houyi)
15 (丿)		
箭	jyàn	an arrow
劍	jyàn	a sword
躺	tǎng	to lie down
傻子	shǎdz	an idiot
16 (丨)		
戰鬥	jàndòu	a fight, battle
縣府	syànfǔ	county government
(丿)		
興奮	syīngfèn	to be excited
17 (丶)		
龍	lúng	a dragon
(一)		
壓在	yādzài	to place (something under a heavy object)

17 (丨)

嚇死了	syàsžle	to be scarred to death; died of fright
(ノ)		
繁華	fánhwá	to be flourishing and rich

18 (丶)

證明	jèngmíng	to prove
(ノ)		
鎮江	Jènjyāng	(a city)

19 (一)

難道	nándàu	Is it possible . . . ?
(丨)		
藥鋪	yàupù	Chinese medicine store
懷疑	hwáiyí	to be skeptical; to suspect

24 (一)

靈芝仙草	língjr̄syāntsǎu	a mythic plant of long life

Printer: **Friendship Printing Company Limited**
3/F., 119 How Ming Street,
Kwun Tong, Kowloon, Hong Kong.

www.ingramcontent.com/pod-product-compliance
Lightning Source LLC
Chambersburg PA
CBHW081919130726
47909CB00015B/3037

9780887101649